DESCRIPTION

DE LA COLLECTION

D'ANTIQUITÉS

DE

M. LE VICOMTE BEUGNOT,

PAR J. DE WITTE,

MEMBRE DE L'INSTITUT ARCHÉOLOGIQUE DE ROME.

PARIS,

IMPRIMERIE DE FIRMIN DIDOT FRÈRES,

IMPRIMEURS DE L'INSTITUT DE FRANCE,

RUE JACOB, 56.

1840.

AVERTISSEMENT.

La riche collection d'antiquités dont nous publions la description, a été formée par un amateur distingué et plein de goût, pendant des voyages et des séjours faits dans le Levant et particulièrement en Italie. Presque toutes les classes de monuments anciens, si l'on en excepte toutefois la numismatique, ont fourni quelques pièces à cette collection. Des vases et des bronzes choisis dans les Musées Durand et de Canino (1) sont venus accroître encore, dans ces derniers temps, cette suite déjà si remarquable à tous égards.

Nous avons divisé en huit sections le travail que nous offrons au public. 1° La première et la plus nombreuse série se compose d'une suite de *vases peints* qui se distinguent tous, soit par les sujets qui y sont figurés, soit par leurs formes gracieuses et la perfection des peintures qui les décorent. Nous citerons particulière-

(1) Ces monuments sont connus déjà par les descriptions insérées dans mes *Catalogues Durand* et *étrusque*. Paris, 1836 et 1837.

ment : *la naissance de Minerve*, n° 1, vaste composition de dix figures; *l'enlèvement de Latone*, n° 4; *Œdipe enfant dans les bras du berger Euphorbe*, n° 38. 2° La seconde division offre une précieuse collection de *verres antiques*. 3° La troisième suite se compose d'une réunion de *terres cuites*, au choix desquelles le meilleur goût a présidé. 4° Les *matières dures*; parmi ces monuments on remarque un double hermès, qui représente les têtes d'*Apollon* et de *Diane*, n°s 287 et 288. 5° Une collection de *bronzes*. On distingue surtout un très-beau *candélabre*, n° 352 qui a fait partie du Musée du prince de Canino. 6° Les *pierres gravées* et *bijoux*. Nous devons citer une tête d'*Auguste* jeune, intaille qui porte le nom du graveur *Dioscoride*, n° 408. Enfin les septième et huitième divisions se composent des *Mélanges* et des *Monuments égyptiens*.

Je ne terminerai pas cet avertissement sans prévenir mes lecteurs que je dois à l'amitié de M. Ch. Lenormant, conservateur de la Bibliothèque Royale, plusieurs explications ingénieuses; d'autres sont le résultat de notre travail commun pour l'ouvrage intitulé : *Élite des monuments céramographiques*. C'est au même savant qu'appartiennent les éclaircissements relatifs aux monuments égyptiens décrits à la fin de ce Catalogue.

Paris, le 25 mars 1840.

J. de Witte.

PRINCIPALES ABRÉVIATIONS.

R., revers.	**j.**, jaunes.
F., forme.	**bl.**, blanches.
Peint., peintures.	**Ext.**, extérieur.
n., noires.	**Int.**, intérieur.
r., rouges.	

Les formes des vases sont indiquées sur une planche gravée au trait.

DESCRIPTION

DE LA COLLECTION

D'ANTIQUITÉS

DE

M. LE VICOMTE BEUGNOT.

I. VASES PEINTS.

A. DIVINITÉS.

1. MINERVE.

1.—Forme 2. (*Peliké*). Peintures rouges. Trouvée à Vulci. — La naissance de Minerve. *Zeus*, ΙΕΥΣ, représenté de face, la tête vue de profil et tournée à droite, est assis sur un trône richement orné. Les montants figurent des pilastres d'ordre ionique; ils sont enrichis d'ornements disposés en échiquier, d'étoiles et de palmettes. Une traverse, décorée de flots et qui sert d'*hypopodium* au souverain des dieux, lie les deux montants. *Jupiter* est barbu, revêtu d'une tunique talaire, à larges plis, et d'un manteau qui recouvre son bras gauche et enveloppe le bas de son corps. Sa tête est ceinte d'une couronne de laurier; la main gauche, élevée, s'appuie sur un long sceptre dont le sommet est surmonté d'une grande fleur à trois pétales. Le bras droit, étendu, semble repousser *Vulcain*, qui vient d'assister *Jupiter* dans l'enfantement de *Minerve*. En effet, au-dessus de *Jupiter*, on voit s'élever de sa tête la déesse *Athéné*, **ΑΘΕΝΑ** (*sic*). Celle-ci, d'une proportion beaucoup plus petite que les autres personnages du tableau, est vêtue d'une double tunique; un casque, à cimier élevé et à géniastères, couvre sa tête; une lance est dans sa main droite, et l'égide, formée d'une peau de chèvre, bordée de serpents, enveloppe son bras gauche. Les mouvements de la déesse sont vifs; elle s'élance avec rapidité du cerveau de *Jupiter*. Cette petite figure est tracée entre les palmettes qui forment la bordure du vase. A gauche est placé *Héphestus*, **ΕΦΑΙΣΤΟΣ** (*sic*), qui va s'éloigner. Ses cheveux et sa barbe sont en désordre; une couronne de pin ceint sa tête. Le dieu est vêtu d'une courte tunique, serrée autour du corps par une ceinture, et qui descend jusqu'aux genoux. Une chlamyde couvre son épaule gauche. De la main gauche, il tient la bipenne avec laquelle il vient de fendre la tête au père de *Minerve*, et de la droite, élevée, il semble montrer la déesse, vers laquelle il porte ses regards. A la suite de *Vulcain* se présente *Posidon*, **ΠΟΣΕΙΔΩΝ**. Le dieu des mers est barbu; sa tête est ceinte d'une large bandelette; une tunique talaire, et un ample manteau qui enveloppe son bras gauche, couvrent son corps; dans sa main droite est le trident. Après *Neptune*, sous une des anses du vase, on voit *Nicé* (1). La déesse est représentée d'une taille inférieure à celle des autres divinités. Ses pieds posent à peine sur le sol; de grandes ailes s'attachent à son dos; une tunique talaire et un ample péplus complètent son ajustement; une bandelette ceint sa tête. De la main droite, la déesse semble faire un geste de surprise. Après *Nicé* se présente un éphèbe, enveloppé dans un manteau qui laisse nus le bras et l'épaule droite. La force musculaire exprimée dans ce bras n'est pas une chose indifférente à remarquer, pour nous aider à trouver le nom de ce personnage. Une couronne de laurier, ou de myrte, ceint la tête de cet éphèbe. Au premier abord, on pourrait penser à *Apollon;* mais, dans une scène éminemment attique, puisqu'elle a pour objet la naissance de la déesse protectrice de la ville, le nom d'un des héros les plus populaires d'Athènes, de *Thésée*, nous semble devoir être préféré (2). Dans ce cas, la jeunesse, les traits fins de la physionomie et la force musculaire, conviennent parfaitement à *Thésée,* l'émule d'Hercule, et qui, à cause de la beauté de sa figure, ressemblait à une jeune fille (3). La place que *Thésée* occupe près de *Neptune* est d'autant plus convenable, qu'Égée ou Posidon Ægæus est son père. Suit *Dionysus*, ΔΙΟΝΥΣΟΣ. Le dieu est barbu, couronné de lierre, et revêtu d'une longue tunique à larges plis et d'un manteau. Dans sa main gauche est le thyrse. *Bacchus* se retourne vers un personnage drapé, qui termine la composition à la gauche du trône de *Jupiter*. Ce personnage, à cheveux et barbe noirs et un peu chauve du devant de la tête, est enveloppé dans un manteau; une couronne de pin entoure son front; un bâton lui sert d'appui (4). A droite et à côté du trône de *Jupiter,* la première figure qui se présente est *Ilithyie*, ΗΙΛΕΙΘΥΑ (*sic, rétrograde*). La déesse s'éloigne en se retournant vers *Jupiter,* et en écartant les deux bras; elle lève la main droite. Son costume consiste en une double tunique sans manches, serrée par une ceinture. A côté d'*Ilithyie* est placée *Artémis,* ΑΡΤΕΜΙΣ (*rétrograde*). Celle-ci est revêtue d'une double tunique plissée. Elle lève la main droite et tient de la gauche son arc. Ses cheveux sont entourés d'une bandelette; derrière la tête, ils sont réunis et forment le nœud appelé Κρώϐυλος. A la suite d'*Artémis* est représenté un vieillard à cheveux et barbe blancs. Il est enveloppé dans un ample manteau, enrichi d'une large bordure. Un bâton ou un sceptre est dans sa main droite (5). Ce personnage complète la scène de ce côté, et se trouve en parallèle avec l'homme drapé placé près de *Bacchus*.

Sous le pied est tracé en noir un monogramme formé d'un **A** et d'un **Λ**, ou d'un **A** et d'un **M**.

Ce magnifique vase est un des plus remarquables qui soient sortis des fouilles de l'Étrurie, tant pour le sujet que sous le rapport du dessin, qui appartient à la plus belle époque de l'art grec. Peu de vases offrent des compositions aussi vastes. Il est certain que cette peinture est la copie d'un tableau célèbre de l'antiquité (6).

Haut., 40 centimètres.

(1) Ou peut-être *Iris*, selon M. Gerhard, *Auserlesene griechische Vasenbilder*, S. 13. Ce savant laisse le choix entre *Nicé* et *Iris*.

(2) Opinion de M. Ch. Lenormant. M. Gerhard (*Auserlesene griechische Vasenbilder*, S. 6 und 16) donne à ce personnage le nom d'Apollon, parce qu'il se trouve placé en face d'Artémis. Il est vrai que, sur quelques vases qui représentent la naissance de Minerve, Apollon assiste à la scène en jouant de la cithare. Voyez Micali, *Storia degli ant. pop. ital.*, tav. LXXX; Gerhard, *Auserlesene griechische Vasenbilder*, Taf. I; Secondiano Campanari, *Descrizione della collezione Feoli*, n° 64; Lenormant et de Witte, *Élite des mon. céramograph.*, pl. LIX, LX, et LXII. M. Gerhard (*loc. cit.*, S. 7) considère Apollon assistant à la naissance de Minerve comme Πατρῷος et Ἀρχηγέτης.

(3) Paus., I, 19, 1. Cf. Hygin., *Fab.* 270.

(4) Selon M. Gerhard (*Auserlesene griechische Vasenbilder*, S. 13), la personnification du *Démos*, ou bien (S. 16) *Pluton*. Le savant archéologue, en donnant la préférence au *Démos*, compare ce personnage drapé aux Athéniens et aux Rhodiens, qui étaient représentés offrant des sacrifices à la déesse dans une

peinture décrite par Philostrate (Ἀθηνᾶς γοναί, *Icon.*, II, 27). Nous nous réservons de nous expliquer sur les deux hommes drapés qui interviennent dans ce tableau, quand nous examinerons le mythe de la naissance de Minerve dans l'ouvrage : *Élite des monuments céramographiques*, pl. LXIV et LXV.

(5) Selon M. Gerhard (*loc. cit.*), le vieux *Nérée*.

(6) Publié. Gerhard, *Auserlesene griechische Vasenbilder*, Taf. III-IV; Lenormant et de Witte, *Élite des monum. céramograph.*, pl. LXIV et LXV. Cf. *Bull. de l'Inst. arch.*, 1834, p. 12.

2. — F. 3. (*Amphore tyrrhénienne*), avec couvercle rapporté. Peint. n. Vulci. — *Athéné*, **ΑΘΕΝΑΙΑ** (1), combat le géant *Encelade*, **ΕΝΚΕΛΑΔΟΣ** (*sic*). Celui-ci est déjà renversé. Il est barbu et armé d'un casque, d'une cuirasse et de cnémides; son grand bouclier rond est orné de l'emblème du *triskèle*. Un faucon (κίρκος) (2) vole au-dessus de la tête du géant. *Minerve* est vêtue d'une tunique longue et d'un péplus; sa tête est armée d'un casque; elle combat avec la lance, tandis que son bras gauche est couvert de son immense égide à écailles et hérissée de serpents; au-dessus de l'égide est la chouette, qui combat contre le faucon.

R. *Apollon*, couronné de laurier et tenant une cithare, est revêtu d'une tunique talaire et d'un manteau; il pose un pied sur une base à deux degrés (βῆμα), sur laquelle est placée une biche. En face d'Apollon, *Artémis*, vêtue d'une longue tunique et d'un péplus qui voile sa tête, tient une branche de laurier et une couronne (3).

Haut., 44 centimètres.

(1) Et non Αθεναιαι, comme M. Creuzer a cru devoir lire (*Zur Gallerie der alten Dramatiker, Auswahl unedirter griechischer Thongefässe der Grossherzoglich Badischen Sammlung in Karlsruhe*, S. 101, n. 127). La marque noire qui est à côté du dernier α n'est autre chose qu'une goutte de couleur tombée

du pinceau de l'artiste qui a peint ce vase, accident qui, du reste, se remarque sur un très-grand nombe de vases peints.

(2) Cet oiseau peut aussi être le τριόρχης ou l'ἅρπη. Voyez mon article sur le mythe de Géryon dans les *Nouvelles Annales*, II, p. 116.

(3) Décrit dans mon *Cat. Durand*, n° 28. La gravure qui représente *Minerve* et *Encelade* a été publiée dans l'*Élite des monuments céramographiques*, pl. VIII. M. Gerhard (*Auserlesene griechische Vasenbilder*, Taf. VI) a publié les deux faces du vase. Cf. aussi K. O. Müller, *Denkmäler der alten Kunst*, II, Taf. XXI, 229.

2. VULCAIN.

3. — F. 32. (*Cylix*). Peint. noires. Vulci. — Extérieur. Le retour de *Vulcain* à l'Olympe. Au centre, on voit *Vulcain*, barbu, revêtu d'une tunique courte de couleur blanche. Le dieu est placé sur un mulet ithyphallique; *Bacchus* le précède. Ses attributs sont le canthare et une branche de lierre. Le dieu, qui retourne la tête vers *Vulcain*, est barbu, couronné de lierre et revêtu d'une tunique talaire de couleur blanche et d'un manteau noir et brodé. En avant de *Bacchus*, on voit deux *satyres* ithyphalliques et deux *ménades*. Le premier, *Comus* ou *Marsyas*, joue de la double flûte; suit une *ménade* qui danse et se retourne vers *Comus*. Le second *satyre* et la seconde *ménade* regardent vers le cortége bachique. Derrière le mulet sont trois *satyres* ithyphalliques et trois *ménades*. Le premier de ces *satyres* pose la main gauche sur la croupe du mulet, et, de la droite, tient son phallus. Les autres *satyres*, ainsi que les *ménades*, dansent. Les cinq *ménades* qui figurent dans cette pompe ont toutes des tuniques plus ou moins richement brodées.

R. Au centre sont placés *Bacchus* et *Ariadne*. Le dieu tient le canthare et une branche de lierre.

Du reste, son costume est tout à fait semblable à celui qu'il porte dans la scène peinte sur la première face de cette coupe. *Ariadne* est revêtue d'une tunique de pourpre et d'un péplus brodé qui voile sa tête. A droite, on voit trois *satyres* ithyphalliques et trois *ménades* qui accourent en dansant et en faisant des gestes lascifs. A gauche sont trois *satyres* et deux *ménades* Le dernier de ces trois *satyres* porte une outre sur ses épaules.

Dessins très-fins.

Diam., 28 centimètres.

3. APOLLON ET DIANE.

4. — F. 3. (*Amphore tyrrhénienne*). Peint. r. Vulci. — Le géant *Tityus* voulant enlever *Latone*. Le géant est entièrement nu; il est barbu; une couronne, formée d'une plante à hélices (1), entoure sa tête; ses cheveux sont bouclés et en relief. *Latone*, ZVOTƎ⅃ (*sic*), est revêtue d'une tunique talaire et d'un ample péplus. Un diadème et une couronne de laurier entourent sa tête; des sandales chaussent ses pieds; de la main droite elle relève un bout de son péplus, et de la gauche elle semble vouloir s'opposer aux efforts de *Tityus* qui serre étroitement la déesse entre ses bras. A gauche, en arrière de ce groupe, est *Apollon*, AΓOLLON (2), qui s'empresse d'accourir pour délivrer sa mère. Le dieu est nu; la chlamyde est jetée sur le bras et l'épaule gauche; ses cheveux sont relevés par derrière et forment de petites boucles en relief sur le front et sur les tempes. Une couronne de plantes à hélices maintient cette coiffure. *Apollon* saisit de la main droite le bras droit de *Tityus* et porte la main gauche au bras de *Latone*. Dans le champ, derrière

Apollon, on voit son arc et son carquois. Le mot **XAIPE**, *salut*, est tracé une fois derrière le dieu et une seconde fois au-dessus de sa tête devant son nom, de sorte que cette acclamation semble se rapporter à *Apollon* lui-même et faire allusion à sa victoire sur le géant *Tityus*. Cette supposition acquiert d'autant plus de probabilité, que le mot **XAIPE**, *salut*, se lit une troisième fois devant la tête de *Diane*, placée à droite du groupe de *Tityus* et de *Latone* (3). La sœur d'*Apollon* est désignée par le nom d'**AIΔOS** (*sic*), *la Pudeur*. La déesse est revêtue d'une tunique talaire et d'un petit péplus. Un diadème et une couronne de laurier entourent sa tête. Ses cheveux, relevés par derrière, font ressembler sa coiffure à celle de son frère. Le bras droit, levé avec la main étendue et ouverte, indique la surprise et l'effroi; un arc et une flèche sont dans la main gauche de *Diane* (4).

Une riche bordure, formée de palmettes, entoure ce tableau. Trois des côtés présentent des palmettes rouges sur fond noir, tandis que la bordure inférieure offre des palmettes noires sur fond rouge.

R. Un pédotribe et trois athlètes. Le premier personnage, à commencer de la gauche, est le pédotribe nommé *Sotinus*, **SOTINOS** (5). Il est barbu; un manteau couvre son corps en laissant nues la poitrine et l'épaule droite. Dans sa main droite est un bâton; une couronne de *smilax* entoure sa tête. Le second personnage est un discobole; il est entièrement nu et soulève des deux mains un grand disque qu'il soutient au-dessus de son épaule gauche. Une couronne de laurier ceint sa tête. Devant lui est tracé son nom: *Charès*, **XAPES** (6). Suit un éphèbe qui se présente de face et tourne la tête à gauche vers le discobole. Cet éphèbe, entièrement nu, va faire l'exercice de la lance ou jeu de l'*æganeum* (7). Il tient des deux mains la lance qui doit servir à cet exercice. Une couronne de *smilax* entoure ses cheveux. Son nom est *Sostratus*, **ΣΟΣΤΡΑΤΟΣ**. Le quatrième et dernier personnage est un homme barbu et entièrement nu. Une couronne de laurier orne sa tête. Dans sa main gauche est une longue baguette. Le geste de sa main droite semble exprimer la surprise et l'hésitation. Près de lui, on lit : **KALOS SOSIOS** (8), *Sosius est beau.* Entre *Sosius* et en partie derrière *Charès*, et entre ses jambes, sont tracés les mots : **ΔΕΜΟΣΤΡΑΤΕ ΧΑΙΡΕ** (9) (moitié *rétrograde*, moitié de *gauche à droite*), *salut Demostratus* (10) !

Les palmettes qui forment la bordure sont ici noires de trois côtés, tandis que la bande supérieure présente des palmettes rouges sur fond noir (11).

Haut., 60 centimètres.
Diam. de l'embouchure, 30 centimètres.

(1) M. Gerhard (*Auserlesene griechische Vasenbilder*, S. 82 und 83) reconnaît dans cette couronne, et je crois avec beaucoup de fondement, la plante *smilax*.

(2) Sur la planche de M. Gerhard (*Auserlesene griechische Vasenbilder*, Taf. XXII, und S. 81), on ne lit qu'Απολ. Le nom est écrit tout au long sur le vase, comme nous l'avions déjà fait remarquer dans le *Cat. Durand*, n° 18, note.

(3) M. Gerhard (*Auserlesene griechische Vasenbilder*, S. 81) pense aussi que le mot χαιρε, répété trois fois dans le champ de cette peinture, est une acclamation adressée aux trois divinités delphiques. Il compare avec raison cette inscription à celle qui se lit sur une amphore du Musée du prince de Canino, près de Thésée, χαιρετ Θεσευς. Voyez Gerhard, *Rapp. Volc.*, n. 386 et 755, et mon *Catal. étrusque*, n° 110. Mais là il semble que χαιρετ pour χαίρετε est une acclamation placée dans la bouche de Thésée et adressée par le héros aux deux femmes qui s'enfuient à son aspect.

(4) Le sujet de ce vase avait d'abord été décrit, d'après une lecture fautive des inscriptions, comme offrant les noces

de *Pélops* et d'*Hippodamie*. Voyez *Bull. de l'Inst. arch.*, 1834, p. 12. Apollon, Diane, Latone et Tityus sont représentés encore sur deux vases expliqués par M. Millingen, *Mon. inéd. de l'Inst. arch.*, I, pl. XXIII, et *Ann.*, II, pl. H, et p. 225 et suiv.; cf. mon *Cat. Durand*, n° 18. Un autre vase, publié par M. Politi (*Quattro vasi fittili*, Girgenti, 1829) a aussi été expliqué par M. Panofka (*Bull. de l'Inst. arch.*, 1830, p. 169) au moyen de la même fable. L'absence de Latone fait pourtant hésiter le savant interprète. Voyez aussi les réflexions de M. Gerhard (*Bull. de l'Inst. arch.*, 1829, p. 222, et 1830, p. 170, note 1). Cet archéologue avait d'abord proposé, pour l'interprétation de ce sujet, *Thésée* et *Sinis;* mais ensuite il semble se ranger à l'avis de M. Nicolas Maggiore, qui reconnaît dans cette peinture la mort de *Typhon*. Il nous semble que le nom de *Phlégyas* ou celui d'*Ischys* serait préférable. Voyez mon *Cat. Durand*, n° 2152. Nous reviendrons sur ces peintures dans le second volume de l'*Élite des monuments céramographiques*.

(5) Et non *Siton* ou *Sitos* ou *Cheressitos*, comme lit M. Gerhard, *Auserlesene griechische Vasenbilder*, S. 82.

(6) Et non *Cheres*. Gerhard, *loc. cit.*

(7) Voyez Lenormant, *Ann. de l'Inst. arch.*, IV, p. 76, et mon *Cat. Durand*, n° 708 et *Cat. Magnoncour*, n° 56.

(8) Et non χαιρε Σοσιος. Gerhard, *loc. cit.*

(9) Et non Δεμοστρετε. Gerhard, *loc. cit.*

(10) Dans l'ouvrage de M. Gerhard (*Auserlesene griechische Vasenbilder*, Taf. XXII) le graveur a figuré le second tableau de ce vase à rebours de l'original; le pédotribe *Sotinus*, qui devrait être à la place de l'athlète barbu *Sosius*, est à droite de la planche, tandis que sur l'original *Sotinus* est le premier personnage à gauche : suit le discobole *Sostratus*, puis vient *Charès*, et *Sosius* termine la scène à droite.

(11) Publié. Gerhard, *Auserlesene griechische Vasenbilder*, Taf. XXII. Cf. mon *Cat. Durand*, n° 18, note. Les peintures du beau vase décrit sous le n° 4 sont probablement du même artiste à qui l'on doit les dessins de l'amphore qui représente *Thésée* enlevant *Coronis*. Voyez mon *Cat. étrusque*, n° 110. Cf. ce que j'ai dit dans l'Avertissement de mon *Cat. étrusque*, p. VII.

5. — F. 1. (*Oxybaphon*). Peint. jaunes. Pouille. — Parodie de l'arrivée d'*Apollon* à Delphes. Un charlatan vient d'élever des tréteaux sur lesquels on voit un sac, un arc et un bonnet scythique;

une espèce de dais s'élève au-dessus. Le charlatan, qui figure l'*Apollon Hyperboréen* arrivé à Delphes..... **ΙΘΙΑΣ**, *le Pythien*, est vêtu d'une tunique courte et d'anaxyrides; un énorme phallus postiche pend entre ses jambes. Le charlatan est placé sur les marches de l'escalier qui mène à ses tréteaux, et reçoit le vieux *Chiron*, **ΧΙΡΩΝ**, qui est devenu aveugle. Des deux mains le *Pythien* prend la tête du personnage qui figure le centaure. Deux acteurs, placés l'un en arrière de l'autre pour former le *centaure*, s'avancent vers le théâtre. Ils sont vêtus d'anaxyrides et de tuniques courtes, et pourvus chacun d'un long phallus en cuir; le centaure s'appuie sur un bâton tortueux. Au-dessus de cette scène, on voit des montagnes et les *nymphes* **ΝV . . . ΑΙ** (νύμφαι) du Parnasse, sans doute *Latone* et *Diane*, assises et vêtues de tuniques et de péplus. Tous ces personnages portent des masques; ceux des acteurs qui figurent le centaure ont la barbe et les cheveux blancs. L'*épopte* (1) seul, non masqué, enveloppé dans le tribon et couronné de laurier, assiste à cette parodie dans l'attitude de la contemplation et du recueillement (2).

R. Un éphèbe nu, assis sur un rocher, tient un lécythus qu'il lève en l'air en le regardant. De chaque côté est un éphèbe drapé, dont l'un, à droite, tient un bâton. Au-dessus, une sphéra (3).

Haut., 38 centimètres.

(1) M. Gerhard (*Archäologisches Intelligenzblatt der allgemeinen Literatur-Zeitung*, Halle, Julius, 1836, S. 337) ne voit dans l'éphèbe dans lequel M. Lenormant reconnaît l'épopte, que le représentant du public qui assiste à la parodie.

(2) Publié. Ch. Lenormant, *Quæstio cur Plato Aristophanem in convivium induxerit.* Ce vase sera reproduit de la grandeur de l'original dans le second volume de l'*Élite des mon. céramographiques*.

(3) Décrit dans le *Cat. Durand*, n° 669. L'explication que nous reproduisons ici appartient à M. Ch. Lenormant.

6. — F. 11. (*Œnochoé*). Peint. n. Vulci. — *Diane Hymnia* (1), jouant de la cithare qu'elle porte de la main gauche, tandis que de la droite elle tient le plectrum. La déesse est revêtue d'une tunique talaire et d'un péplus. A côté d'elle est une biche. Dans le champ, des branches d'arbre qui semblent indiquer une forêt.

Haut., 27 centimètres.

(1) Paus., VIII, 5, 8 et 13, 1. Cf. la belle coupe de Sosias du Musée de Berlin. *Mon. de l'Inst. arch.*, I, pl. XXIV; Lenormant, *Ann. de l'Inst. arch.*, II, p. 237; Gerhard, *Berlin's ant. Bildwerke*, n° 1030, S. 326, et mon vase publié par M. Gerhard, *Auserlesene griechische Vasenbilder*, Taf. XX und XXI, S. 78, et *Cat. Durand*, n° 14.

4. VÉNUS ET L'AMOUR.

7. — F. 33. Peint. r. Basilicate. Intérieur. — *Vénus*, vêtue d'une tunique talaire, est assise sur un rocher. Elle tient le tympanum et un seau; à ses pieds est posé un calathus. L'*Amour hermaphrodite* ailé apporte à *Vénus* une couronne et une phiale. Dans le champ, un miroir, une bandelette, et une feuille de lierre.

Diam., 32 centimètres.

8. — F. 2. (*Pelikè*). Peint. r. et bl. Basilicate. — La toilette de *Vénus*. La déesse, entièrement nue, et parée pourtant d'un collier, de bracelets, d'une périscélide et de pendants d'oreilles, est debout sur une base formée de deux degrés. Un tronçon de colonne cannelée, d'ordre dorique, sur lequel est placé un lebès, est auprès de cette base. Le lebès

et la colonne sont peints en blanc. *Vénus* tient de la main droite un lécythus et en verse de l'huile dans sa main gauche. Derrière la déesse, on voit un siége richement orné, sur lequel sont posés les vêtements que *Vénus* vient de quitter. Les trois *Grâces* entourent cette scène de toilette. Elles sont vêtues de tuniques talaires et de péplus richement brodés. La première est debout près du lebès et tient sur sa main une stéphané radiée et ornée de palmettes. La seconde est assise près de sa compagne, et semble indiquer d'une main l'hydrie placée auprès d'elle, et de l'autre, qu'elle avance, accompagner d'un geste les paroles qu'elle adresse à *Vénus*. La troisième *Grâce* est assise sur un plan plus élevé, au-dessus du siége sur lequel sont placés les vêtements de la déesse. Cette troisième *Grâce* retourne la tête du côté où se passe la scène, et relève de la main droite un bout de son péplus. Sa chaussure est peinte en noir. Au-dessus de la composition paraît l'*Amour hermaphrodite* ailé, assis sur une élévation indiquée par une ligne pointillée. Il tient une couronne de myrte et une branche du même arbrisseau. Ses regards sont tournés du côté de *Vénus*. Dans le champ, une sphéra.

R. *Vénus* et *Adonis* (1). La déesse, assise sur un trône richement orné, regarde *Adonis* et avance la main droite vers lui. Une tunique talaire, un péplus et le cécryphale composent le costume de *Vénus*. *Adonis* est nu et appuyé sur un bâton, sur lequel est posée sa chlamyde; dans sa main droite qu'il lève est une couronne ou un collier. Derrière *Vénus* est *Pitho*, debout, revêtue d'une tunique talaire et d'un péplus qu'elle relève des deux mains. Au-dessous, on voit une sphéra et des osselets. L'*Amour hermaphrodite* est placé entre *Vénus* et *Adonis*, sur un plan plus élevé indiqué par une ligne pointillée. Il est ailé; une périscélide entoure sa jambe droite; dans sa main gauche est une phiale.

Haut., 37 centimètres.

(1) Nous avons eu l'occasion de signaler déjà la présence d'Adonis sur les vases grecs. Voyez mon *Cat. Durand*, nos 115 1234, note; *Cat. Magnoncour*, n° 4, et *Nouvelles Annales*, I, p. 511. M. Creuzer (*Zur Gallerie der alten Dramatiker, Auswahl unedirter griechischer Thongefässe der Grossherzoglich Badischen Sammlung*, Taf. 8) a tout récemment publié un charmant lécythus sur lequel il a reconnu le sujet des jardins d'Adonis (Ἀδώνιδος κῆποι). Cette belle explication de l'illustre savant que je viens de nommer sert d'appui à mes conjectures sur l'existence de peintures qui représentent les amours de Vénus et d'Adonis. Cf. Lenormant et de Witte, *Élite des mon. céramograph.*, p. 85.

9. — F. 12. (*OEnochoé*). Peint. r. Basilicate. — *Éros* ailé poursuivant un lièvre. Vers l'anse, deux petites têtes en relief.

Haut., 17 centimètres.

10. — F. 13. Peint. n. Vulci. — Groupe obscène d'un homme et d'une femme entièrement nus. De chaque côté un arbre.

R. Répétition du même sujet.

Haut., 11 centimètres.

11. — F. 32. (*Cylix*). Peint. n. Nola. — Ext. Trois éphèbes et trois femmes nus et groupés ensemble dans des poses très-obscènes. Les habillements sont suspendus en haut ou placés à terre.

R. Un homme et une femme enveloppés dans une même draperie, pendant que de chaque côté un éphèbe nu danse (1).

Diam., 15 centimètres.

(1) Décrit dans le *Cat. Durand*, n° 657.

12. — F. 15. (*Canthare*). Peint. r. Vulci. — Danse obscène de trois éphèbes et de deux femmes, tous nus et couronnés de myrte; une corbeille et une chlamyde sont suspendues dans le fond.

R. Les mêmes personnages couchés sur une cliné, au bas de laquelle sont placés deux paires de bottines et un lebès posé sur un trépied. Tous sont nus et couronnés de myrte. L'un des jeunes gens tient un énorme phallus en bois; un autre tient une bourse. Toutes les figures de cette composition sont groupées dans des attitudes très-obscènes. Dans le champ sont suspendus une corbeille fermée par un couvercle, une peau de panthère, et un autre phallus en bois ou en cuir.

Des inscriptions illisibles, quoique les caractères soient bien distincts, se trouvent entre les figures. Autour du pied on lit, en caractères noirs : **NIKOSΘENES EΓOIESEN**, *Nicosthènes a fait* (1).

Haut., 24 centimètres.

(1) Décrit dans mon *Cat. Durand*, n° 662.

13. — F. 3. (*Amphore tyrrhénienne*). Peint. n. Manière phénicienne. Vulci. — Quatre rangs de peintures. Premier rang supérieur. Sept hommes barbus, nus et ithyphalliques, et deux femmes. Sujet des plus obscènes. Au centre, un grand canthare. Inscriptions : **ΓOE**, *enchanteresse ;* **NOETVO** (pour νέος τλῆ?), *le jeune homme a eu du courage;* **ΓOEPOXS** (de γόης), *enchanteur;* **IAOSO** (peut-être ἰαῦ σῷ), *age dum tuo!* **ΓAΘE** (pour ὦ 'γαθέ), *ô bone;* **EIOΓAOE**, ou **ΣIO** (εἶ ὦ 'γαθέ), *i, ô bone;* **NΘESΘES** ('νθές, θές), *pone intus, pone.*

R. Cinq hommes ithyphalliques et deux femmes dans des postures obscènes. Inscriptions : **EIOEI** (de σείω), *agita;* **TΛESOEI** (τλᾶ, σεῖε), *perfer, agita;* **ΓOEROS**, *enchanteur;* **T..OOIOTOS TVESONOS**..... (*un tel*) fils *de Tléson* (1).

Deuxième rang. Deux sirènes près d'une palmette, suivies chacune d'une panthère; trois sirènes, deux panthères et un bélier.

Troisième rang. Un bouc placé entre deux panthères; trois béliers en regard de trois panthères.

Quatrième rang. Un bélier entre deux panthères; deux béliers en regard de deux panthères (2).

Haut., 40 centimètres.

(1) L'interprétation de toutes ces inscriptions n'est pas d'une certitude rigoureuse. Cependant le nouvel examen auquel nous venons de nous livrer en décrivant ce vase, nous fait admettre sans hésiter la lecture de plusieurs de ces exclamations.

(2) Décrit dans mon *Cat. étrusque*, n° 15.

5. CÉRÈS.

14. — F. 28. (*Lécythus*). Peint. r. Vulci. — *Cérès* ou *Hécate*, vêtue d'une tunique talaire et d'un péplus, détourne la tête à droite et tient un flambeau. Cette figure pourrait aussi être regardée comme une simple *ménade;* cependant, elle n'est pas couronnée de lierre ni de pampres (1).

Haut., 37 centimètres.

(1) La couronne de lierre, d'ailleurs, est aussi donnée à *Déméter*, sur une curieuse amphore du Musée Britannique. Voyez mon *Catalogue étrusque*, n° 82. Le lécythus que nous décrivons sous le n° 14 a déjà été décrit dans le *Cat. étrusque*, n° 18.

15. — F. 7. (*Amphore bachique*), avec couvercle rapporté. Peint. n. Vulci. — *Triptolème*, barbu, la

tête ceinte d'une couronne de laurier, est assis sur un char. Une tunique à manches, parsemée d'étoiles, recouverte d'un manteau, forme le costume du héros. *Triptolème* tient dans chaque main des épis. Devant le char, qui n'a ni ailes, ni chevaux, ni dragons, est *Hermès*, debout; il se retourne vers *Triptolème* et tient son caducée renversé dans la main gauche. Le dieu est barbu, coiffé du casque (κυνῆ), revêtu d'une tunique courte et d'une chlamyde, et chaussé de bottines.

R. *Bacchus* assis sur un char ailé. Le dieu est barbu, couronné de lierre et revêtu d'une tunique talaire de couleur blanche, que recouvre un manteau brodé. Dans sa main droite est un cep de vigne chargé de grappes de raisin, et dans sa gauche le canthare. En avant de *Bacchus* marche le satyre *Œnus* ou *Acratus*, qui porte sur ses épaules un énorme cratère sans anses, entouré d'une guirlande de lierre peinte en blanc. De sa main gauche, il tient un canthare.

Sous le pied, des marques irrégulières (1).

Haut., 42 centimètres.

(1) Cf. ce que j'ai dit sur ce vase dans mon *Cat. étrusque*, n° 82, note 2.

6. BACCHUS.

16. — F. 7. (*Amphore bachique*). Peint. n. Vulci. — *Bacchus*, barbu, couronné de lierre et vêtu d'une tunique courte de couleur blanche et d'un léger manteau brodé, est monté sur un mulet ithyphallique. De chaque côté de ce groupe est un *satyre* ithyphallique : l'un, les mains abaissées vers la terre; l'autre, les levant au-dessus de la croupe du mulet.

R. Une *ménade* qui danse, placée entre deux *satyres* ithyphalliques. La *ménade* est revêtue d'une tunique brodée et d'une pardalide; on aperçoit la tête de l'animal derrière celle de la *ménade*. Celle-ci tient un serpent dans la main droite, tandis que sa main gauche agite des crotales. Les deux *satyres* dansent; l'un tient une bandelette.

Haut., 17 centimètres.

17. — F. 10. (*Cratère*). Peint. r. Sicile. — *Bacchus*, barbu, le front ceint d'une bandelette, retourne la tête à gauche. Le dieu est vêtu d'une tunique talaire et d'un manteau. Il tient de la main droite le canthare, et de la gauche un cep de vigne. *Méthé*, ou *Hébé*, vêtue d'une double tunique et d'une nébride, et coiffée du cécryphale, s'avance vers *Bacchus*, et, tenant l'œnochoé de la main droite, va verser le vin dans le canthare du dieu. Une férula est dans la main gauche de *Méthé*.

R. *Ménade* drapée, peut-être *Ariadne*, retournant la tête à droite, et tenant de la main droite un flambeau ou une férula.

Haut., 26 centimètres.

18. — F. 17. (*Cyathis*). Peint. n. sur fond blanc. Vulci. — *Bacchus*, barbu, et couronné de lierre, monté sur un mulet ithyphallique. De chaque côté, un grand œil, et vers l'anse un lion.

Dans l'intérieur, à l'endroit où se rattache l'anse, une tête de *Silène* à oreilles d'animal, et barbue. Cette tête est en relief, peinte en blanc, et la barbe en violet.

Haut., 15 centimètres.

19. — F. 7. (*Amphore bachique*). Peint. n. Vulci. — *Bacchus* et *Ariadne*, couchés sur une cliné ri-

chement décorée. Le dieu est barbu, couronné de lierre et nu jusqu'à la ceinture. Un manteau brodé couvre ses épaules. *Ariadne*, également nue jusqu'à la ceinture, se retourne vers *Bacchus;* elle est couronnée de lierre, un péplus brodé couvre ses jambes. Devant la cliné est dressée une trapèze, sur laquelle est posée une coupe. A côté de cette trapèze, un tibicine, couronné de lierre et vêtu d'un manteau, joue de la double flûte. De chaque côté de la cliné est un homme nu et barbu qui danse.

R. Trois groupes, composés chacun d'un homme et d'une femme. Les femmes sont vêtues de tuniques talaires et de péplus; deux ont la tête voilée. Les trois hommes ont des manteaux et tiennent des bâtons. Tous sont barbus. Dans les deux premiers groupes à gauche, les hommes embrassent les femmes; dans le troisième, l'homme, qui a l'air d'un pédotribe, tient sa baguette levée; il se retourne vers les deux groupes, et caresse de la main gauche la femme qui est debout près de lui.

Haut., 32 centimètres.

20. — F. 35. (*Cylix*). Peint. n. Vulci. — Int. Au centre le *Gorgonium*. *Bacchus* et *Ariadne*, couchés sur une cliné à l'ombre d'une vigne. De chaque côté, un *satyre;* l'un est ithyphallique et porte une outre et le céras. Ce sujet est répété deux fois; dans le second groupe, le *satyre* n'a pas de céras. Le tronc de la vigne est entrelacé de chaque côté de manière à présenter la forme du caducée.

Ext. *Bacchus*, barbu, assis sur un trône, vu de face, tient le céras et un cep de vigne. Le dieu est couronné de lierre et revêtu d'une tunique et d'un ample manteau. A droite, une crotaliste. De chaque côté un grand œil.

R. *Bacchus*, barbu, assis sur un trône et vu de

face, tient de chaque main un cep de vigne. De chaque côté un grand œil (1).

Diam., 34 centimètres.

(1) Décrit dans mon *Cat. étrusque*, n° 30.

21. — F. 32. (*Cylix*). Peint. n. Vulci. — *Bacchus* et *Ariadne*. Le dieu est barbu, couronné de lierre et vêtu d'une tunique blanche et d'un manteau de pourpre; il tient de la main gauche le céras. *Ariadne* est voilée et présente une couronne à *Bacchus*. A droite sont deux *satyres* ithyphalliques et une *ménade;* à gauche deux *ménades* et un *satyre* ithyphallique. Ces six acolythes dansent et font des gestes très-animés.

R. Combat entre quatre hoplites et deux cavaliers. Trois des boucliers argiens sont visibles à l'extérieur, et offrent un coq, un astre et un griffon.

Les moindres détails de cette peinture sont exécutés avec la plus grande finesse (1).

Diam., 24 centimètres.

(1) Décrit dans mon *Cat. étrusque*, n° 41.

22. — F. 8. (*Stamnus*). Peint. r. Vulci. Style de Nola. — *Bacchus*, barbu, la tête entourée du diadème et de corymbes, se retourne à gauche. Le dieu est revêtu d'une tunique talaire, finement plissée, et d'un ample manteau. Ses pieds sont chaussés. De la main droite il tient le canthare, dont il verse le vin à terre, et de la gauche un thyrse. De chaque côté est une *ménade*. Celle à droite se retourne vers le dieu. Elle est couronnée de lierre et revêtue d'une double tunique sans manches et finement plissée. Une nébride, qui re-

tombe sur la hanche droite, est rattachée sur l'épaule gauche. Cette *ménade* tient un thyrse de la main gauche. La seconde *ménade*, à gauche, a la tête entourée de la sphendoné; elle est revêtue d'une tunique talaire et d'un ampéchonium. Dans sa main droite est l'œnochoé, et dans sa gauche un flambeau allumé. **ΚΑΛΟΣ**, *beau*.

R. Trois *ménades*. Celle placée au milieu a la tête ceinte de bandelettes. Elle tient de la main gauche un thyrse. Son vêtement consiste en une tunique talaire finement plissée et un ample péplus. Les deux autres *ménades* sont coiffées du cécryphale; elles étendent toutes deux la main droite. La première à gauche est revêtue d'une tunique talaire et d'un péplus; celle à droite relève de la main gauche un bout de son vêtement, qui consiste en une tunique longue et un ampéchonium.

Sous le pied on lit : **Δ ΚVΑΘΕΑ** (1).

Ce magnifique vase se distingue par le style grandiose des peintures et par la beauté de l'émail.

Haut., 46 centimètres.

(1) Voyez les intéressantes réflexions de M. Letronne, sur les noms tracés à la pointe, sous le pied de quelques vases grecs. *Journal des Savants*, janvier 1838, et *Nouvelles Ann.*, I, p. 502.

23. — F. 16. (*Ascus*). Peint. j. Basilicate. — *Bacchante* assise sur un rocher, à gauche, et tenant une férula et une pyxis. Dans le champ, des bandelettes, une sphéra, et des fleurs de l'espèce de l'aster.

Haut., 19 centimètres.

24. — F. 18. (*Œnochoé*). Peint. j. Vulci. Fabrique de Pouille. — Tête de *Silène* chauve, à gauche, avec la main qui tient un thyrse.

Haut., 25 centimètres.

25. — F. 19. (*Scyphus panathénaïque*). Peint. r. Vulci. — Un *satyre* assis sur un rocher et tenant le canthare. Un thyrse est près de lui.

R. Une *ménade*, retournant la tête à gauche et tenant un cep de vigne et un flambeau. Près d'elle est un thyrse (1).

Haut., 8 centimètres.

(1) Décrit dans mon *Cat. étrusque*, n° 56.

26. — F. 20. (*OEnochoé*). Peint. jaunes et blanches. Vulci. Fabrique étrusque. — Une femme nue entre deux *satyres* barbus. La femme tient son péplus écarté des deux mains et découvre tout son corps. Un des *satyres* tient une férula.

Sur le col est peinte une femme entièrement nue qui tient des deux mains son péplus.

Haut., 42 centimètres.

27. — F. 6. (*Hydrie*). Peint. r. Vulci. — Deux *satyres* barbus, couronnés de lierre et ithyphalliques, sont près d'une *bacchante* qui fait semblant de dormir; elle tient un thyrse. L'un des *satyres* s'approche de la *bacchante* et soulève sa tunique pour admirer ses charmes. L'autre, en arrière, est à genoux, dans une pose des plus obscènes. Au-dessus on lit : **KALOS**, *beau*.

Cette composition est exécutée avec une finesse admirable.

Sous le pied : **Σ Ω** (1).

Haut., 35 centimètres.

(1) Décrit dans mon *Cat. Durand*, n° 139.

7. PLUTON.

28. — F. 22. (*Amphore en forme de candélabre, percée par en bas*). Peint. r., bl. et viol. Ruvo. — Deux rangs de peintures. Premier rang supérieur. Le dieu des morts, *Hadès* ou *Pluton*, avec une longue barbe, est assis sur un trône tourné à gauche; il est vêtu d'une tunique brodée; un sceptre est dans sa main gauche. En face de lui, à gauche, est *Proserpine* ou *Hécate*, debout, vêtue d'une tunique talaire et d'un péplus, et tenant des deux mains un grand flambeau surmonté d'une roue, et un collier; un *thymiatérion* est entre la déesse et *Hadès*. En arrière de *Proserpine* est un tronc d'arbre peint en blanc; une roue est suspendue de chaque côté du trône du dieu des enfers. Dans le champ, on remarque aussi trois fleurs de l'espèce de l'aster. A droite, derrière le trône d'*Hadès* et près d'un labrum, est *Hermès* psychopompe debout, couronné de myrte et chaussé de bottines; sa chlamyde retombe par derrière et laisse son corps à découvert; le pétase est rejeté sur le dos; dans sa main droite est le caducée, qu'il tient par sa partie supérieure (1).

Second rang. Un édicule carré, d'ordre ionique, au centre duquel est assise, sur un chapiteau ionique, *Vénus*, détournant la tête en arrière. La déesse est vêtue d'une tunique blanche et d'un péplus de pourpre; dans sa main droite est un flabellum; dans sa gauche une couronne. Une bandelette est suspendue au fond de l'édicule. A droite est une femme vêtue d'une longue tunique; elle appuie le pied droit sur un rocher. Dans sa main droite est un miroir, dans sa gauche le tympanum. A gauche de l'édicule, une autre femme, levant la jambe droite, vêtue comme sa compagne, tient d'une main une fleur (κρίνον), et de l'autre une grappe de raisin. On doit considérer ces deux femmes comme deux *Grâces* ou deux *Hiérodules*.

Sur le col du vase est peinte une tête de femme, vue de face et sortant d'une large fleur épanouie.

R. Près d'un cippe orné de bandelettes sont deux femmes vêtues de longues tuniques. L'une tient un miroir et une grappe de raisin ; près d'elle sont une bandelette et un plat. L'autre tient la sphéra et un éventail. Sur la base du cippe est posée une large scaphé; dans le champ, une bandelette et deux fleurs de l'espèce de l'aster, placées au-dessus de la tête des deux femmes (2).

Haut., 84 centimètres.

(1) Dans le *Cat. Durand*, n° 202, note 1, nous avons proposé, d'après l'opinion de M. Ch. Lenormant, le nom de *Jupiter Nemeus* pour le dieu assis au centre de ce tableau, et nous avons établi des rapprochements entre *Néméa, Némésis, Adraste et Adrastée*. Cf. mon *Cat. Magnoncour*, n° 50. Sur le fameux vase des funérailles d'Archémore (Gerhard, *Archemoros und die Hesperiden*, Taf. I; *Mon. inéd., publiés par la section française de l'Inst. arch.*, pl. V), Jupiter, Ζευς, est assis à côté de Néméa, Νεμεα. Ce qui nous paraît prouvé, c'est que le dieu souvent figuré sur les vases de Ruvo, assis sur un trône et la plupart du temps placé dans un grand temple ou dans un édicule soutenu par des colonnes, doit être regardé, dans le plus grand nombre des cas, comme le dieu infernal *Hadès* ou *Pluton*. On peut citer à cet égard le célèbre vase de Canosa, qui offre les supplices auxquels les méchants sont condamnés dans les enfers (Millin, *Tombeaux de Canosa*, pl. III), et le vase de Ruvo, décoré d'une composition analogue et publié par l'*Institut archéologique* (*Mon. inéd.*, II, pl. XLIX). Sur la plupart des vases qui représentent le dieu des morts, *deux roues* sont suspendues derrière son trône. Jusqu'à ce jour aucune explication satisfaisante, il me semble, n'a encore été proposée pour ces roues symboliques. Les *roues* se remarquent sur le vase de Canosa déjà cité, tandis qu'elles ne se trouvent pas sur celui de Ruvo publié par l'*Institut archéologique*. On voit encore des roues suspendues : 1° dans le temple peint au-dessus du lit funèbre d'Archémore; *Eurydice, Hypsipyle et Amphiaraüs* sont debout dans ce temple (Gerhard, *Archemoros und*

die Hesperiden, S. 6, et *Mon. inéd. publiés par la section française de l'Institut archéologique*, pl. v); 2° dans le palais d'Hadès sur un grand vase publié par M. Raoul Rochette (*Mon. inéd.*, pl. XLV); 3° au-dessus de la tête d'OEdipe aveugle (*Mon. inéd. de l'Inst. arch.*, II, pl. XII; Dubois Maisonneuve, *Introduction à l'étude des vases*, pl. LXXXIX); 4° dans le temple d'Apollon à Delphes, sur un très-beau vase sur lequel est représenté Oreste réfugié près de l'*Omphalos*, et qui vient d'être publié par M. Otto Jahn (*Vasenbilder*, Taf. 1, Hambourg 1839); 5° dans une peinture qui représente un combat dans un temple (Passeri, *Pict. in vasc.* tab. CCLX; Dubois Maisonneuve, *Introduct. à l'étude des vases*, pl. XIV, n° 1. M. le duc de Luynes (*Nouv. Ann.*, II, p. 4) reconnaît dans cette peinture les Gaulois, repoussés de Delphes par les héros protecteurs de la ville. Aucun écrivain de l'antiquité n'a parlé de l'usage de suspendre des roues dans les temples ou dans les palais. La consécration des chars dans les temples est attestée par plusieurs auteurs. Le char de Pélops était suspendu dans l'Anactorium à Phliunte. Paus., II, 14, 3. Τοῦ δὲ Ἀνακτόρου καλουμένου πρὸς τῷ ὀρόφῳ Πέλοπος ἅρμα λέγουσιν ἀνακεῖσθαι. Arcésilas, roi de la Cyrénaïque, avait consacré, dans le temple d'Apollon à Delphes, un char, en souvenir de ses victoires dans les jeux pythiques. Pindar., *Pyth.*, V, 34 sqq. ed. Bœckh; cf. Schol. *ad loc. cit.* Un char en bronze avait été offert à Minerve sur l'Acropolis à Athènes. Herodot., V, 77; Paus., I, 28, 2. Sur les médailles d'Auguste on voit un char dédié à Mars vengeur. Eckhel, *D. N.*, VI, p. 96. Cf. le char votif en bronze publié par Visconti, *Mus. Pio Clem.*, tav. B, 11, et celui en marbre, également publié par Visconti, *loc. cit.*, tav. XLIV et XLV. Les *roues* rappelleraient-elles le char de Pluton? C'est l'opinion de M. Millingen, *Ancient uned. monum.*, p. 44; Millin, *Tombeaux de Canosa*, p. 13. On sait que la fable dans laquelle Pluton joue un rôle éminent est celle où il enlève Proserpine sur un char traîné par quatre chevaux [ἐπὶ χρυσέοισιν ὄχοισιν, comme dit Homère, *Hymn. in Cer.*, 19]. Ce sujet a été souvent traité par les artistes anciens. *Pluton* portait le surnom de χρυσήνιος, *au frein d'or*. Pindar. *ap.* Paus., IX, 23, 2. Sur quelques vases, et notamment sur celui publié par Passeri (*Pict. in vasc.*, tab. CCLX), les deux roues semblent être réunies par l'essieu. Nous apprenons d'Homère qu'on ne mettait les roues aux chars qu'au moment où on allait s'en servir. Quand Junon ordonne de préparer son char, c'est Hébé qui met les roues à l'essieu. Homer., *Iliad.* E, 722-23 :

Ἥβη δ' ἀμφ' ὀχέεσσι θοῶς βάλε καμπύλα κύκλα,
Χάλκεα, ὀκτάκνημα, σιδηρέῳ ἄξονι ἀμφίς.

Il est donc possible que les roues suspendues dans la demeure d'Hadès fassent allusion au char de ce dieu. D'un autre côté, le supplice de la roue (Pollux, *Onomast.*, X, 50, 147) était employé dans les enfers pour punir Ixion; ce symbole suspendu dans le temple d'Hadès rappellerait-il les tourments auxquels sont condamnés les grands criminels? On peut citer, parmi les monuments qui représentent le supplice d'Ixion, le vase publié par M. Raoul Rochette (*Mon. inéd.*, pl. XLV), et le sarcophage publié par Visconti, *Mus. Pio Clem.* V, tav. XVIII. La roue est encore l'attribut spécial de Némésis et de la Fortune. Elle se trouve près de la déesse sur les médailles de Smyrne. Eckhel, *D. N.*, II, p. 548 et 551. Cf. Gerhard, *Berlin's ant. Bildwerke*, S. 387, n° 76; Félix Lajard, *Recherches sur le culte de Vénus*, p. 76, 77 et 92. On connaît des *griffons* et des *sphinx* ayant la *roue* placée sous une de leurs pattes. Voyez Raoul Rochette, *Mon. inéd.*, p. 210, note 3, et les monuments cités par ce savant. Cf. Welcker, *Ann. de l'Inst. arch.*, II, p. 70. On peut encore rappeler la roue ailée sur laquelle Minerve est appuyée dans la scène du jugement d'Oreste. Raoul Rochette, *Mon. inéd.*, pl. XL; Panofka, *Cabinet Pourtalès*, pl. VII, et *Ann. de l'Inst. arch.*, II, p. 137. Les *sphinx* et les *griffons* appartiennent aux divinités infernales. Le frein est aussi un symbole de Némésis sur les médailles de Smyrne. Eckhel, *D. N.*, II, p. 550. La roue (τρόχος, κύκλος, ῥόμβος) jouait également un rôle important dans les mystères. Arnob. *adv. Gentes*, V, 19. Cf. Lobeck, *Aglaopham.*, p. 905 sqq.; Clem. Alex. *Strom.* V, p. 672, ed. Potter. Διὰ δὲ συμβόλων, ὡς ὅ τε τρόχος ὁ στρεφόμενος ἐν τοῖς τῶν θεῶν τεμένεσιν εἱλκυσμένος παρὰ Αἰγυπτίων. Les petites roues en bronze dont on faisait usage dans les mystères (Hero *ap.* Lobeck, *loc. cit.*), rappellent celles qu'on employait pour les enchantements, et sur lesquelles on attachait l'oiseau Ἴυγξ ou bien les entrailles de cet oiseau. Schol. *ad* Pindar. *Pyth.* IV, 380; Tzetz. *ad* Lycophr. *Cassandr.*, 310; Schol. *ad* Theocrit. *Idyll.*, II, 17. Ces roues portaient elles-mêmes le nom d'ἴυγγες, comme nous l'apprend expressément le Scholiaste de Pindare (*ad loc. cit.*). Ῥητέον οὖν, ὅτι κατά τινας ὁμωνύμως ὁ τρόχος τῷ ζώῳ Ἴυγξ λέγεται. On sait que les enchantements, au moyen de l'*Iynx*, étaient employés par les amants. Sur le beau vase qui représente l'enlèvement de Proserpine, l'*Amour* vole au-dessus des chevaux; d'une main il porte une phiale et une couronne, et de l'autre, la petite roue des mystères suspendue à une bandelette. Millingen, *Ancient uned. monum.*, pl. XVI; cf. Tischbein, III, pl. 1, éd. de Florence et de Paris. La vie humaine d'ailleurs est comparée à la roue d'un char par Anacréon, IV, 7:

Τρόχος ἅρματος γὰρ οἷα
Βίοτος τρέχει κυλισθείς.

On sait que souvent l'enlèvement de Proserpine fait allusion à la mort d'une jeune fille. *Nouv. Ann.*, I, p. 545. Cf. ce qu'on a dit dans la *Nouvelle Galerie mythologique*, p. 27, sur les courses des chars dans les jeux de la Grèce. Des ἴυγγες d'or étaient suspendus au plafond du palais du roi de Perse à Babylone, et ce qui est fort remarquable, c'est que ces ἴυγγες étaient dans la salle où le souverain rendait la justice; ces symboles avaient des rapports avec *Adrastée*, et avertissaient le juge qu'il ne devait pas s'élever au-dessus des autres hommes. Philostrat., *Vit. Apoll. Tyan.* I, 25. Δικάζει μὲν δὴ ὁ βασιλεὺς ἐνταῦθα· χρυσαῖ δὲ ἴυγγες ἀποκρέμανται τοῦ ὀρόφου τέτταρες, τὴν Ἀδράστειαν αὐτῷ παρεγγυῶσαι, καὶ τὸ μὴ ὑπὲρ τοὺς ἀνθρώπους αἴρεσθαι. On voit déjà s'établir des rapports entre la roue de *Némésis* ou d'*Adrastée* et l'*Iynx*. De plus, des ἴυγγες d'or étaient également suspendus dans le temple d'Apollon à Delphes. Philostrat., *Vit. Apoll. Tyan.*, VI, 11; Pindar., *ap.* Paus., X, 5, 5; Athen., VII, p. 290, E; Eustath. *ad* Homer. *Odyss.* M, p. 1709. Et Pausanias ajoute que ces κηληδόνες ou ἴυγγες étaient des *Sirènes*. Or, on connaît le caractère infernal des Sirènes, oiseaux à tête de femme. Plat., *de Rep.*, X, p. 506, ed. Bekk.; cf. Plutarch., *Sympos.*, IX, 14, t. VIII, p. 970, ed. Reiske. Cf. sur les κηληδόνες, Bœttiger's, *Kleine Schriften*, I, S. 183 folg.; Bœckh *ad* Pindar., *Fragm.*, t. II, pars altera, p. 569. Le couvercle du trépied d'Apollon a souvent la forme d'une roue sur les monuments, surtout sur les urnes étrusques. Raoul Rochette, *Mon. inéd.*, pl. XXXIX. M. Bröndsted (*Voyages et recherches en Grèce*, liv. I, p. 116-118) a démontré d'une manière évidente que la roue qui se voit sur quelques médailles de Delphes est le couvercle du trépied sur lequel s'asseyait la Pythie. Cette roue est le κύκλος αὐτοβόητος de Nonnus, *Dionys.*, IV, 292. Cf. Raoul Rochette, *Mon. inéd.*, p. 210, note 3. Il n'est pas inutile non plus de rappeler dans cette occasion les trépieds fabriqués par Vulcain, et qui, posés sur des roues, marchent d'eux-mêmes. Homer., *Iliad.*, Σ, 375-77 :

Χρύσεα δέ σφ' ὑπὸ κύκλα ἑκάστῳ πυθμένι θῆκεν,
Ὄφρα οἱ αὐτόματοι θεῖον δυσαίατ' ἀγῶνα,
Ἠδ' αὖτις πρὸς δῶμα νεοίατο, θαῦμα ἰδέσθαι.

Sur le vase déjà cité et qu'a publié M. Otto Jahn, sous chaque roue est placé un trépied. Il paraît aussi que l'oiseau τροχίλος ou ὀρχίλος (Antoninus, Lib. 14; Schol. *ad* Aristophan., *Aves*, 79) est le même que l'*Iynx*. Cf. *Trochilus*, l'inventeur des quadriges. Tertullian. *de Spectac.*, 9; Schol. *ad* Arat. *Phænom.*, p. 47, ed. Buhle. M. Ch. Lenormant pense que les roues suspendues dans l'édicule au-dessus du trône d'Hadès font allusion à *Amphiaraüs* englouti dans la terre avec son char. Paus., I, 34, 2; II, 23, 2. On connaît les rapports étroits qui existent entre Amphiaraüs et le dieu des morts. Cf. K. O. Müller, *Orchom.*, S. 146, folg. La présence, sur le vase que nous décrivons sous le n° 28, d'une déesse qui porte un collier, fait souvenir d'*Ériphyle*, femme d'Amphiaraüs, et qu'on peut facilement considérer comme une divinité malfaisante, comparable aux *Érinnyes*, et à *Éris*. Voyez ma *Lettre à M. Gerhard* dans les *Nouv. Ann.*, I, p. 523. Quand Pélops précipita Myrtile dans la mer, l'aurige en mourant maudit la maison des Pélopides. Paus., II, 18, 2 et VIII, 14, 7; Hygin., *Fab.* 84. Ici encore la malédiction de Myrtile inventeur des quadriges (Hygin. *Astron.*, II, 13), et qui, dans le but de faire périr Œnomaüs, ne mit pas les chevilles qui fixent les roues au char (Tzetz. *ad* Lycoph., *Cassandr.* 156; Hygin., *Fab.* 84), rappelle la vengeance qu'exercent les divinités infernales contre les parjures. Sur un vase inédit du Musée de Naples, on voit Myrtile qui porte les deux roues du char; auprès sont Pélops, Hippodamie et l'Amour. Gerhard und Panofka, *Neapels ant. Bildwerke*, S. 284, n° 971. D'après les réflexions précédentes, il semble donc que la roue soit un symbole propre aux divinités vengeresses et aux divinités infernales. On reviendra sur ces idées dans l'ouvrage : *Élite des monuments céramographiques.*

(2) Décrit dans mon *Cat. Durand*, n° 202.

B. HÉROS.

1. HERCULE.

29. — F. 7. (*Amphore bachique*). Peint. n. Égine. — *Hercule*, barbu et armé d'une cuirasse, saisit entre ses bras le lion de Némée et lui plonge son épée dans la gorge. Le héros a la tête nue. A droite

sont *Minerve* et *Mercure*. La déesse est vêtue d'une tunique talaire et d'un péplus, et armée d'un casque, d'une lance et d'un grand bouclier argien qui a pour emblème la caisse d'un char, peinte en blanc. La déesse fait un geste de la main droite, comme pour encourager *Hercule*. *Mercure*, barbu, coiffé du casque (κυνῆ), vêtu d'une tunique courte et d'une chlamyde, et chaussé de bottines, se retourne vers le lieu de la lutte. Une épée est suspendue à son côté, et dans sa main gauche est une baguette. *Iolas* est placé à gauche du groupe central, derrière *Hercule*. Il est imberbe et se retourne vers la scène du combat. *Iolas* est armé de toutes pièces; son bouclier argien présente une caisse de char vue de face et peinte en blanc.

R. Un quadrige, à droite, sur lequel est un hoplite accompagné de son aurige. Celui-ci est barbu et revêtu d'une longue tunique blanche. A côté des chevaux s'avance vers le guerrier un vieillard à cheveux et barbe blancs, enveloppé dans son manteau; il est suivi de trois hoplites. Peut-être doit-on voir ici un sujet de la guerre de Troie. Le départ d'*Hector* accompagné de son aurige *Éniopée*: près du char, *Priam* suivi de trois Troyens, *Déiphobe*, *Hélénus* et *Énée*. Toutefois ces sortes de scènes peuvent recevoir des noms fort différents (1).

Haut., 30 centimètres.

(1) Voyez mon *Cat. Magnoncour*, n° 63, note. Cf. Braun, *Bull. de l'Inst. archéol.*, 1837, p. 33 et suiv.

30. — F. 1. (*Oxybaphon*). Peint. r. Armentum. — *Hercule*, imberbe, couronné de laurier, est debout près d'un autel sur lequel le feu est allumé; un manteau couvre la partie inférieure de son corps.

Le héros thébain s'appuie sur la massue et tient de la main droite un large couteau de sacrificateur. *Nicé*, le front orné d'une stéphané radiée, vêtue d'une tunique talaire et avec de grandes ailes attachées aux épaules, amène vers l'autel un taureau, et lui pose une couronne sur la tête. Les cornes sont ornées de guirlandes. En arrière d'*Hercule* est *Hébé* debout, vêtue d'une tunique talaire; elle tient une œnochoé et une phiale, sur laquelle sont des branches de laurier. Deux bucrânes placés dans le champ se voient au-dessus de cette scène.

R. Un éphèbe vainqueur, tenant une phiale et un strigile, a sa chlamyde suspendue sur le bras gauche, et reçoit une couronne d'une femme vêtue d'une tunique talaire. Nous reconnaissons dans cette femme *Nicé-Aptéros*. Entre les deux personnages est placée une méta ou un cippe. Un éphèbe, dont le manteau laisse à découvert la poitrine, se tient derrière le jeune vainqueur et s'appuie sur un bâton. Au-dessus de cette scène, on voit une tablette (1).

Haut., 45 centimètres.

(1) Décrit dans mon *Cat. Durand*, n° 322.

31. — F. 5. (*Hydrie*). Peint. n. Vulci. — *Hercule* luttant avec *Nérée*. *Hercule*, barbu et couvert de la peau de lion, est à cheval sur le monstre marin et le presse entre ses bras. *Nérée* ou *Triton* est barbu et figuré avec une longue queue de poisson. Dans le champ, on voit un oiseau qui vole (1).

Au-dessus de ce tableau est une petite frise dans laquelle est représenté un combat entre quatre hoplites. Trois ont des boucliers argiens, et le quatrième un bouclier béotien. On remarque quatre globules comme emblème d'un des boucliers argiens.

Haut., 33 centimètres.

(1) Cet oiseau pourrait figurer l'âme du monstre marin; peut-être n'est-ce qu'un oiseau de mer, tel qu'un alcyon. Cf. mon *Cat. étrusque*, n° 139, et *Nouvelles Ann.*, II, p. 118.

32. — F. 5. (*Hydrie*). Peint. n. Vulci. — *Hercule* luttant avec *Nérée*. Le héros est barbu et couvert de la dépouille du lion; dans sa main gauche est un petit sceptre ou bâton qui remplace la massue. *Hercule* est à cheval sur le vieux *Nérée*, représenté barbu; l'immense queue de poisson du monstre est couverte d'écailles. En avant de ce groupe est un vieillard à cheveux blancs, sans doute *Protée* ou *Nérée* lui-même, si l'on donne le nom de *Triton* (1) au monstre combattu par *Hercule*. Il est entièrement drapé et armé d'un bâton; il retourne la tête vers la scène de la lutte. En arrière de *Nérée*, on voit une femme vêtue d'un long péplus : c'est probablement une *Néréide*, ou peut-être *Idothée* (2), la fille de *Protée*. On lit derrière cette femme : **ΕVΓΑΡ . . . TOS KALOS**, *Eupar....tus est beau;* en avant de cette femme, **MNESILA KALE**, *Mnésila est belle;* au-dessus du groupe, **AMΘOE**, *Amthoë;* et plus loin, **KALOS**, *beau;* près du vieillard, **XOIPOS KALOS**, *Choerus est beau.*

Au-dessus de cette peinture principale est une frise dans laquelle est représenté un combat de trois guerriers; l'un est déjà renversé. En arrière de cette scène sanglante vient un quadrige guidé par un écuyer vêtu d'une tunique blanche. Enfin un autre combat de trois guerriers termine cette frise.

Au-dessous du grand tableau sont peints sept

éphèbes : trois sont entièrement drapés ; l'un est assis sur un cube; trois n'ont que la chlamyde, et le septième, monté à cheval, se dirige vers le personnage assis, qui est probablement le juge (βραβεύς).

Ce beau vase est un des plus remarquables de ceux qui offrent le sujet d'*Hercule* domptant *Nérée* (3).

Haut., 50 centimètres.

(1) Cf. ce que j'ai dit, sur ces luttes d'Hercule avec le dieu marin, dans mon *Cat. étrusque*, n°s 84, 85 et 215. Cf. Bröndsted, *A brief description of thirty-two Greek vases*, n° VII.

(2) *Odyss.*, Δ, 366.

(3) Décrit dans mon *Cat. Durand*, n° 303.

33. — F. 7. (*Amphore bachique*). Peint. n. Vulci. — La dispute du trépied. *Hercule*, barbu et revêtu d'une cuirasse, emporte le trépied et se retourne vers *Apollon* en le menaçant de sa massue. Un arc est suspendu derrière les épaules du héros. *Apollon*, imberbe et vêtu d'une tunique courte, que recouvre une nébride, saisit des deux mains le trépied et s'efforce de le retenir. Un arc et un carquois sont suspendus sur le dos du dieu. En arrière d'*Apollon* est *Diane*, coiffée du calathus et revêtue d'une tunique talaire et d'un péplus. Près d'*Hercule* se tient *Minerve*, debout, armée d'un casque et revêtue d'une tunique talaire et d'un ample péplus qui recouvre tout son corps, de manière qu'on ne voit qu'un serpent de l'égide.

R. Un hoplite et un archer, placés entre deux vieillards drapés et à cheveux blancs. L'archer tient un arc; le grand bouclier argien de l'hoplite est décoré d'une massue peinte en blanc. Les deux vieillards tiennent chacun un bâton.

On pourrait reconnaître ici *Hercule* accompagné

d'*Iolas*, partant pour une de ses expéditions. Dans ce cas, les deux vieillards seraient *Amphitryon* et *Sthénélus*, le père d'Eurysthée (1).

Au-dessous de ces deux tableaux règne une frise dans laquelle on voit un sanglier et un lion, placés en face l'un de l'autre, un oiseau palmipède, un bouc et un lion en regard. Ce dernier groupe se répète deux fois.

Sous le pied sont des marques ΛⱵVH.

Haut., 42 centimètres.

(1) Cf. une peinture publiée par M. Millingen (*Ancient uned. monum.* pl. XIX,). Elle représente *Hercule* ou *Thésée* avec l'*Amazone*. L'emblème tracé sur le bouclier du héros est une massue. Cf. Panofka, *Recherches sur les noms des vases grecs*, pl. VIII, 4.

34. — F. 8. (*Stamnus*). Peint. r. Vulci. — La dispute du trépied. *Hercule*, barbu, revêtu de la peau du lion, emporte le trépied qu'il a saisi de la main gauche, tandis qu'il lève de la droite la massue en se retournant vers *Apollon*. Celui-ci, représenté sous des formes juvéniles, n'est vêtu que d'une simple chlamyde; sa tête est couronnée de laurier; de la main droite, il saisit la massue d'*Hercule*, et de la gauche, arrêtant le trépied, il tient un arc et une flèche. Ses cheveux sont réunis en touffe par derrière, pour former le κρώβυλος. Près d'*Apollon* est la biche, et à la suite du dieu de Delphes, à droite, se présente *Diane*, vêtue d'une tunique talaire et d'un péplus; sa tête est ceinte d'une stéphané radiée; dans sa main droite levée, la déesse tient une fleur hyacinthe ou *Pothos*(1). A gauche, en avant d'*Hercule*, est *Minerve*, revêtue d'une double tunique et d'un péplus, qui recouvre l'égide hérissée de serpents, et au milieu de laquelle est le *Gorgonium*. Une stéphané entoure le front de la déesse. Dans sa main

droite est une lance, et dans sa gauche un casque. **KALOS**, *beau.*

R. *Minerve* combat la *Gorgone*, tandis que *Persée*, en se détournant, tire l'épée du fourreau. La déesse, dont les mouvements sont très-rapides, est vêtue d'une tunique talaire et d'un péplus; elle est armée d'un casque, d'une lance et d'un bouclier rond, orné du *triskèle*. La *Gorgone*, vue de face, et dont la figure est hideuse, la langue hors de la bouche, les cheveux hérissés de serpents, est ailée. Elle est vêtue d'une double tunique et d'un petit péplus. Dans chaque main elle porte un serpent; deux autres serpents forment sa ceinture. *Persée*, placé à droite, derrière *Minerve*, qui occupe le centre de la composition, se détourne à droite à l'opposite de la *Gorgone*. Il est imberbe, vêtu d'une tunique courte, et coiffé du casque d'Hadès; à ses pieds sont attachées des talonnières ailées; la cibise est suspendue sur son dos; de la main droite, il tire l'épée du fourreau placé dans sa main gauche.

Sous le pied : **ΑΓΕ** (2).

Haut., 37 centimètres.

(1) Voyez mon *Cat. étrusque*, n° 87.
(2) Décrit dans mon *Cat. étrusque*, n° 87.

35. — F. 7. (*Amphore bachique*). Peint. n. Vulci. — *Hercule* entre *Hermès* et *Athéné*. Le héros est représenté en marche; il se retourne vers *Athéné*, en levant à la hauteur de sa tête son bras gauche armé d'un arc et d'une flèche. Dans sa main droite est la massue. *Hercule* est barbu; sa tête est couverte de la peau de lion, dont les deux pattes de devant se croisent sur sa poitrine, tandis que les deux autres retombent entre ses jambes. *Minerve*, la tête nue, est revêtue d'une tunique richement

brodée que recouvre une égide à écailles, entourée de serpents; la déesse tient la lance de la main droite, tandis qu'elle fait un geste de la main gauche, comme pour encourager *Hercule. Hermès*, qui marche en avant du héros, est barbu, coiffé du casque (κυνῆ) et revêtu d'une tunique courte que recouvre la chlamyde; il tient dans la main droite le caducée; son bras gauche est caché sous la chlamyde; une nébride entoure ses reins; ses pieds sont chaussés de bottines.

R. Un guerrier entre deux jeunes filles. Le guerrier est barbu et armé de toutes pièces; son casque est garni de géniastères abaissés. Un grand bouclier argien couvre son bras gauche; dans sa main gauche est une lance. Les deux jeunes filles sont revêtues de tuniques talaires richement brodées et retenues par des ceintures. On pourrait voir ici *Cycnus*, fils de Sthénélus (1), ou, suivant d'autres (2), d'Arès, et deux sœurs de *Phaëthon*, *Phaëthuse* et *Lampétuse* (3).

Sous le pied: **ΖΑΣ**.

Haut., 48 centimètres.

(1) Ovid., *Metam.* II, 366 sqq.

(2) Apollod., II, 7, 7, et II, 5, 11; Schol. *ad.* Pindar. *Olymp.*, XI, 19.

(3) Ovid. *l. cit.*; Paus. I, 30, 3; Serv. *ad.* Virg. *Æn.* X, 189. Suivant Virgile (*l. cit.*), ce *Cycnus* aurait été l'*éraste* du jeune *Phaëthon*. On aurait donc figuré ici *Hercule* partant pour combattre *Cycnus*. On sait que la lutte entre *Hercule* et *Cycnus* est représentée sur un grand nombre de vases peints. Voyez Millingen, *Anc. uned. monum.*, pl. XXXVIII; Braun, *Bull. de l'Inst. archéol.*, 1835, p. 163 et suiv.; *Bull.*, 1839, p. 6 et suiv. Toujours *Cycnus* a la forme d'un hoplite. Il paraît que les peintures des vases à inscriptions décrites par M. Braun ont un rapport frappant avec certains sujets dans lesquels on a reconnu jusqu'ici des *Gigantomachies*. Voyez Lenormant et de Witte, *Élite des mon. céramographiques*, pl. II, et p. 7 et 8.

36. — F. 3. (*Amphore tyrrhénienne*). Peint. n. Vulci. — *Hercule*, monté sur un quadrige, à droite, guidé par *Minerve*. Trois chevaux sont noirs et un blanc. Le héros est barbu et enveloppé dans un manteau. Il tient de la main gauche la massue posée sur l'épaule. *Minerve*, qui va monter dans le quadrige, tient des deux mains les rênes. La déesse est revêtue d'une tunique talaire et armée d'un casque, de l'égide hérissée de serpents et d'une lance. A côté du char, marche *Apollon*. Celui-ci est revêtu d'une tunique talaire et d'un manteau; il joue de la cithare. En face d'*Apollon*, est placé *Bacchus*. Le dieu est couronné de lierre et revêtu d'une longue tunique et d'un manteau. Enfin, devant les chevaux se tient *Hermès*. Le dieu détourne la tête à droite; il est barbu; son costume consiste en un casque (κυνῆ), une tunique courte de couleur blanche, une chlæna et des bottines. On n'aperçoit pas les attributs qu'il porte.

R. *Bacchus* entre deux *ménades* et deux *satyres*. Le dieu est barbu, couronné de lierre et revêtu d'une tunique talaire et d'un manteau. Il se détourne à gauche. Dans sa main gauche, est une grande branche de lierre. Les deux *ménades* ont des tuniques talaires et des péplus. Les *satyres* sont tous deux barbus et entièrement nus.

Haut., 51 centimètres.

37. — F. 5. (*Hydrie*). Peint. n. Vulci. — Apothéose d'*Hercule*. Le héros, reconnaissable à la massue qu'il porte sur l'épaule gauche, est monté sur un quadrige. Sa tête est nue et ornée seulement d'une bandelette. Ses cheveux et sa barbe sont crépus. Un ample manteau couvre son corps. De la main droite, il s'appuie sur le devant du char. A côté d'*Hercule*, est *Iolas* qui tient les rênes. L'écuyer

d'*Hercule* est barbu, couronné de laurier et vêtu d'une tunique talaire et d'un ample manteau brodé. A côté du char, se tient *Minerve* qui, levant la main gauche, se retourne vers *Hercule*. La déesse est revêtue d'une double tunique, que recouvre une égide à écailles, avec le *Gorgonium* au milieu, et entourée de serpents. De la main droite, *Minerve* tient une lance. Un casque à cimier très-élevé et entouré d'une couronne d'olivier couvre la tête de la déesse. En avant de *Minerve* et à côté des chevaux s'avance *Apollon* citharède. Le dieu est couronné de laurier et vêtu d'une longue tunique et d'un manteau. Devant les chevaux marche *Hermès*. Le dieu est barbu et a pour signes caractéristiques le casque (κυνῆ), le caducée et les bottines. Une chlæna brodée couvre son épaule gauche et enveloppe sa main gauche. Les quatre chevaux du quadrige sont noirs; seulement, l'un d'eux est marqué de blanc sur le devant de la tête. Au-dessus de ce tableau, on lit: **ΓΑΝΘΑΙΟΣ ΜΕΓΟΙΕΣΕΝ**, *Panthæus m'a fait*.

Frise supérieure. Dans cette petite frise, on voit *Hercule* qui terrasse le lion de *Némée*. Le héros est barbu et entièrement nu; son épée est suspendue à son côté, et une bandelette entoure sa tête. Un grand arbre étend ses rameaux au-dessus de cette scène, et indique la localité, la forêt de Némée. A droite, est *Minerve*, assise sur un cube. La déesse est couronnée d'olivier et revêtue d'une double tunique brodée, que recouvre l'égide à écailles et hérissée de serpents. La déesse étend la main droite, comme pour encourager *Hercule;* une lance est dans sa main gauche. A gauche, en arrière du groupe d'*Hercule* luttant avec le lion, est *Iolas*, assis également sur un cube. Le héros est barbu, revêtu d'une tunique courte et d'une cuirasse, et armé de la massue et d'une épée suspendue à son côté. Il fait de la main gauche le même geste que fait *Minerve*.

Sous le pied, des marques irrégulières.

Ce vase, un des plus fins qu'il soit possible de voir et qu'on peut comparer à celui de *Bacchus*, n° 91 de la Collection Durand (1), a été trouvé dans les fouilles de Toscanella.

Haut., 39 centimètres.

(1) Aujourd'hui dans la collection de M. Williams Hope.

2. MYTHES DIVERS.

38. — F. 9. (*Amphore de Nola*) avec anses cordées. Peint. r. Vulci. Style de Nola. — Le berger *Euphorbe,* ΕΥΦΟΡΒΟϹ (1), portant le jeune *OEdipe,* ΟΙΔΙΠΟΔΑϹ. Le berger est revêtu d'une tunique courte sans manches et d'une chlamyde; sa tête est nue et ses cheveux tombent négligemment sur ses tempes; son pétase est rejeté derrière le dos. Des bottines chaussent ses pieds. Dans sa main droite est une lance. Le jeune *OEdipe,* entièrement nu, repose sur le bras gauche d'*Euphorbe.* Dans la physionomie de l'enfant est exprimée la souffrance, suite du cruel traitement auquel son père Laïus l'avait condamné.

R. Le roi de Corinthe, *Polybe*(2), auquel le petit *OEdipe* est porté. *Polybe* est barbu, enveloppé dans un ample manteau; il tient un bâton en forme de béquille.

Le vase qui offre cette gracieuse peinture, du

plus beau style grec, est un des plus remarquables de la collection (3).

Haut., 49 centimètres.

(1) Le berger est nommé *Phorbas* par Sénèque le Tragique, *OEdip.*, act. III, 839.

(2) M. Panofka (*Ann. de l'Inst. arch.*, VII, p. 82), après avoir proposé le nom de *Polybe* pour le personnage drapé qui est représenté au revers d'Euphorbe portant Œdipe enfant, ajoute : « Mais la répétition du même personnage sur tant d'au-« tres vases où il forme l'ornement du revers, nous interdit d'at-« tacher de l'importance à cette hypothèse. » Il me semble, au contraire, que le personnage drapé sur presque tous les vases de la fabrique de Nola, est en rapport plus ou moins direct avec le sujet principal. Voyez mon *Cat. Durand*, n°ˢ 3, 208, 233, Lenormant et de Witte, *Élite des mon. céramograph.*, p. 61 et 62; mon *article sur Géryon*, dans les *Nouv. Ann.*, II, p. 122.

(3) Publié. *Mon. inéd. de l'Inst. arch.*, II, pl. XIV. Voye Panofka, *Ann. de l'Inst. arch.*, VII, p. 78 et suiv.

39. — F. 7. (*Amphore bachique*). Peint. n. Vulci. — De chaque côté de ce vase est peinte une *Gorgone* à quatre ailes, la figure hideuse, la langue hors de la bouche et les cheveux hérissés de serpents. Ces deux *Gorgones* sont représentées dans l'action de voler, les jambes écartées ainsi que les bras. Leur vêtement consiste en une tunique courte et une nébride attachée par-dessus. Leurs jambes sont nues jusqu'au mollet; les pieds sont chaussés de bottines garnies d'ailes (1).

Sous le pied, un monogramme formé d'un **P** et d'un **E**, puis un **Λ** et un **X**.

Haut., 40 centimètres.

(1) On doit reconnaître ici les deux Gorgones *Sthéno* et *Euryale*, qui, s'étant réveillées après la mort de Méduse, décapitée par Persée, se mettent à la poursuite du héros. C'est un fragment d'une composition analogue à celle qui est peinte sur une amphore du Musée Britannique. Voyez mon *Cat. Durand*, n° 242. Cf. Millin, *Vases peints*, II, pl. II.

40. — F. 23. (*Arybullos*). Peint. j. et bl. Basilicate. — *Borée*, vu de face, vêtu d'une peau de loup qui se noue sur la poitrine, et avec de grandes ailes attachées au dos, enlève dans ses bas *Orithyie*. Celle-ci n'est vêtue que d'un péplus qui couvre la partie inférieure de son corps ; son sein, ses épaules et ses bras sont nus. Ses pieds sont chaussés, ainsi que ceux de *Borée* qui a des bottines. Une sphendoné entoure la tête d'*Orithyie*. L'air farouche, la barbe et les cheveux en désordre du ravisseur, contrastent avec la frayeur de la jeune fille (1).

Haut., 41 centimètres.

(1) Publié. Raoul Rochette, *Mon. inéd.*, pl. XLIV, A, p. 221. L'auteur applique à ce sujet la fable du héros de Témesse (*loc. cit.*, p. 221 et suiv.), et préfère reconnaître ici *Thanatos enlevant une jeune femme*. Décrit dans mon *Cat. Durand*, n° 212. Depuis la publication de mon *Catalogue de la collection Durand*, les fouilles de l'Étrurie ont fait connaître deux belles amphores pointues, toutes deux de la même fabrique, et probablement du même artiste, avec le nom de *Borée* (Βορας, *sic*) inscrit au-dessus de la tête du ravisseur de la nymphe athénienne. Ces inscriptions ne peuvent laisser le moindre doute sur les noms positifs qu'on doit assigner aux personnages de ces sortes de scènes. Voy. Gerhard, *Neuerworbene antike Denkmäler*, n° 1602, et mon *Cat. étrusque*, n° 105. Cf. Lenormant, *Nouvelle Galerie myth.*, p. 60 et 61, et *Ann. de l'Inst. arch.*, V, p. 211. D'ailleurs *Borée*, d'après notre manière de voir, n'est qu'une forme euphémique d'*Hadès* ou de *Thanatos*, le dieu qui enlève la déesse vierge *Proserpine*. Voyez aussi la pierre de Stosch, publiée par Winckelmann (*Mon. ined.*, 1), où Jupiter ailé arrive entouré de foudres et d'éclairs auprès de Sémélé. Les *Harpyies* sont aussi des *vents*, des *tourbillons*. Tzetz. *ad* Lycophr., *Cassandr.*, 166. Dans l'Odyssée (Y, 66 et 77), elles enlèvent les jeunes filles et les hommes. *Odyss.*, A, 241. Borée, sur le coffre de Cypsélus, était représenté anguipède, comme un géant. Paus., V, 19, 1. Dans l'endroit nommé Bathus, près de Trapézunte, les Arcadiens offraient des sacrifices aux éclairs, aux tourbillons et aux tonnerres, parce que dans cet endroit la tradition plaçait le combat des dieux et des géants. Paus., VIII, 29, 2. Sur le vase que nous décrivons, et sur quelques autres vases récemment trouvés à Ruvo, la forme donnée

à *Borée* est moins euphémique que sur les vases de la belle fabrique de Nola. Dans le sens général, ce sera *Thanatos* ou *Hadès* qui enlève une jeune fille; mais comme les fables attiques paraissent en général avoir exercé une grande influence sur les compositions que reproduisent les vases peints, nous persistons à donner un nom précis aux personnages qui figurent dans ces sortes de scènes. Voyez sur les enlèvements des jeunes filles, Ph. Lebas, *Mon. d'ant. figurée*, p. 170 et 171; Lenormant et de Witte, *Élite des mon. céramograph.*, p. 34, et ma *Lettre à M. Gerhard sur quelques miroirs étrusques* dans les *Nouv. Ann.*, I, p. 545.

41. — F. 2. (*Peliké*). Peint. r. Vulci. — Combat du guerrier grec *Dinomachus*, ΔΕΙΝΟΜΑΧΟ (*sic*), contre l'amazone *Eumaché*, ΕVΜΑΧΕ (1). Le guerrier est à pied; il est nu et armé seulement d'un grand bouclier argien, d'une lance, d'une épée suspendue au côté, et d'un casque dont les géniastères sont abaissés. L'amazone combat à cheval; elle est revêtue d'une courte tunique brodée; ses jambes sont nues; un casque à géniastères couvre sa tête, et une lance est dans sa main droite. Dans le champ, on voit une flèche qui vole entre les deux antagonistes.

R. Trois éphèbes drapés.

Marque irrégulière sous le pied.

Haut., 40 centimètres.

(1) Les noms Δεινομαχος et Ευμαχε ne sont probablement que des épithètes qui remplacent des noms propres; la première, le *redoutable combattant*, doit s'appliquer à *Thésée*, et la seconde, *celle qui combat bien*, à *Hippolyte* ou *Antiope*. Cf. le célèbre vase de la collection Pourtalès, expliqué par Visconti dans une dissertation insérée au *Cabinet Pourtalès*, p. 1 et suiv., et pl. XXXV. Cf., sur la substitution d'épithètes aux noms propres, Raoul Rochette, *Mémoire sur Atlas*, p. 58 et 59; ma *Lettre à M. Gerhard sur quelques miroirs étrusques*, dans les *Nouvelles Ann.*, I, p. 518, et l'*Élite des mon. céramograph.*, p. 98.

42.—F. 3. (*Amphore tyrrhénienne*). Peint. n. Vulci. — *Thésée* et le *Minotaure*. Le héros est imberbe, revêtu d'une tunique courte et armé d'une épée qu'il est sur le point de plonger dans la gorge de son antagoniste, tandis que, de sa main gauche, il le saisit par la tête. Le *Minotaure* ploie les genoux et tient une pierre de la main droite. Il se retourne vers *Thésée*. A gauche, en arrière de ce groupe, est *Minerve*, debout, revêtue d'une tunique talaire; la déesse a la tête nue et ne porte d'autre attribut qu'une lance (1). Deux autres figures sont peintes à droite, derrière le *Minotaure* ce sont une jeune fille vêtue d'une tunique talaire, et un éphèbe drapé. On doit y reconnaître les otages athéniens que *Thésée* vient délivrer, en mettant à mort le monstre du labyrinthe.

Dans une frise peinte au-dessus du grand tableau, on voit un combat entre deux hoplites, tous deux accompagnés d'un archer. Aux extrémités est placé de chaque côté un personnage drapé. Les boucliers des deux combattants ont la forme béotienne.

R. Un quadrige, à droite, monté par un hoplite accompagné de l'aurige. Ce dernier a la tête couverte d'un casque (κυνῆ) semblable à celui que porte souvent *Mercure*.

Dans la frise qui règne au-dessus de ce tableau, on voit un combat à peu près pareil à celui de l'autre face du vase. Seulement, les hommes drapés, spectateurs de la lutte, sont au nombre de trois, deux à droite, et un à gauche. Ce dernier tient un bâton, ou une lance. On doit reconnaître dans ces hommes drapés des *brabeutes*.

Haut., 36 centimètres.

(1) On connaît aujourd'hui sur les vases peints plus d'une *Minerve* sans attributs et la tête nue. Voyez mon *Cat. étrusque*, n° 139, et mon *Cat. Durand*, n° 65. Voyez, *infra*, n° 48. Cf. mon *article sur Géryon*, dans les *Nouvelles Ann.*, II, p. 117.

43. — F. 24. (*OEnochoé*). Peint. r. Nola. — *Thésée*, nu et imberbe, tient des deux mains une massue dont il va assommer un *Centaure*. Celui-ci ne se défend pas, et lève les deux mains, surpris de la brusque attaque du héros athénien (1).

Haut., 26 centimètres.

(1) Publié dans le *Recueil* de Gargiulo. Décrit dans mon *Cat. Durand*, n° 342.

44. — Couvercle. Peint. n. — *Thésée* et le *Minotaure*. Le héros est imberbe, vêtu d'une tunique courte et d'une pardalide, et chaussé de bottines. Il va enfoncer l'épée dans le sein du *Minotaure*, qui se défend avec une pierre. A droite est *Ariadne*, les bras enveloppés; à ses pieds on voit une fleur. Suit *Minos*, barbu, revêtu d'un manteau brodé et d'une tunique talaire, et tenant une lance. Un autre personnage, peut-être *Rhadamanthe*, barbu et drapé, sans attributs, accompagne *Minos*. A ses pieds est une grande fleur. A gauche du groupe central, est une femme vêtue d'une tunique talaire et d'un péplus. C'est peut-être *Minerve* (1). A la suite, se présentent trois doryphores barbus et revêtus de tuniques talaires et de manteaux brodés. Ce sont les *Athéniens* délivrés par *Thésée*.

R. Lutte de deux hommes nus et barbus: peut-être *Thésée* et *Cercyon*. De chaque côté, un homme barbu, vêtu d'une chlamyde; l'un appuyé sur un bâton, l'autre tenant des haltères. A droite, de plus, un personnage barbu, armé d'une lance, et revêtu d'un manteau brodé et d'une tunique talaire (2).

Diam., 19 centimètres.

(1) Une magnifique coupe à figures noires du Musée du prince de Canino (*Bull. de l'Inst. arch.*, 1830, p. 4), et qui offre, d'un

côté, la chasse de *Calydon*, et de l'autre, la lutte de *Thésée* et du *Minotaure*, représente Αριαδνε tenant une couronne, et Αθεναια, sans autre attribut qu'une lyre. Une soixantaine de noms, y compris deux noms d'artistes, se trouvent à côté des figures. Cf. *supra*, p. 42, n° 42.

(2) Décrit dans mon *Cat. étrusque*, n° 114. Le sujet palestrique, qui nous semble offrir la lutte de *Thésée* et de *Cercyon*, rattache ces sortes de compositions aux sujets purement mythologiques.

45. — F. 8. (*Stamnus*) avec couvercle rapporté. Peint. r. — Les deux *Dioscures*, *Castor*, ΚΑΣΣΤΩΡ (*sic*), et *Pollux*, ΠΟΛΥΔΕΥΚΕΣ, à cheval. Le premier est coiffé du pétase, vêtu de la chlamyde et armé de deux javelots. *Pollux*, armé et vêtu de même, n'a pas de pétase; il est couronné de laurier.

R. *Pâris*, reçu dans le palais de *Ménélas*. Le fils de Priam est armé d'un casque à géniastères, d'une lance et d'un grand bouclier argien, orné d'un lion courant, et auquel est attachée une draperie sur laquelle est peint un œil. Deux hommes barbus, drapés et munis de bâtons, et dans lesquels nous reconnaissons *Ménélas* et *Tyndare*, reçoivent *Pâris*. Une colonne ionique cannelée, placée en arrière de *Pâris*, indique l'intérieur du palais (1).

Les anses offrent des traces de restaurations antiques.

Haut., 47 centimètres.

(1) Décrit dans le *Cat. étrusque*, n° 120.

46. — F. 8. (*Stamnus*) avec couvercle rapporté. Peint. r. Vulci. — Ce vase offre des sujets qui s'expliquent l'un par l'autre. D'un côté, on voit *Minos*, *Procris* et *Pasiphaë*. Le roi de Crète est barbu, vêtu d'une double tunique richement brodée d'étoiles et recouverte d'un ample manteau. Dans sa

main droite, il tient un sceptre, et de la gauche il saisit le bras droit de *Procris* (1). Celle-ci, vêtue d'une tunique talaire, relève son péplus de la main gauche, et retourne la tête vers *Minos*, tout en s'éloignant de lui. En arrière de *Minos* est *Pasiphaë*, vêtue comme le roi, avec un léger péplus qui recouvre sa double tunique étoilée; elle regarde vers le groupe précédent, et, relevant de la main droite sa tunique, elle étend le bras gauche avec un air de surprise ou de reproche. De chaque côté de la scène, est un *Amour* qui plane dans les airs. **KALOS O KALOS**. Sous chaque anse, un autel.

R. L'*Aurore* et *Céphale*. La déesse, avec de grandes ailes, regarde derrière elle vers *Phosphorus*, qui s'éloigne; il est figuré comme un jeune garçon drapé, et étend le bras droit en avant, en jetant encore un regard vers la déesse : celle-ci, la tête couverte du cécryphale, est vêtue d'une tunique étoilée qu'elle relève de la main gauche; la déesse marche vers le héros, qui est vêtu comme un chasseur, et représenté jeune et imberbe. Sa tunique courte est recouverte d'une chlamyde qui cache son bras gauche. Sa main droite tient deux javelots; le pétase ou la causia est rejetée sur ses épaules. *Céphale* tourne ses regards vers l'*Aurore*. **KALE**, *la belle* (2).

Sur une des anses, on lit les caractères **ΘΧΙΙ**, tracés à la pointe; sous le pied, un **A** et un **Φ** entrelacés; à côté un **I**, et plus loin un **H**.

Haut., sans le couvercle, 32 centimètres.

(1) Apollod., III, 15, 1.

(2) Décrit dans le *Cat. Durand*, n° 263. M. Welcker (*Rheinisches Museum*, V, S. 136) désapprouve l'adjonction de noms divins et héroïques, tels que ceux de *Jupiter-Minos* et de *Junon-Pasiphaë*. Cf. Gerhard, *Archæologisches Intelligenzblatt*

der allgemeinen Literatur Zeitung, Julius, 1836, S. 317. Nous avons déjà essayé ailleurs (*Cat. Magnoncour*, p. 36) de répondre à ces objections, en citant plusieurs noms propres héroïques attribués comme épithètes à différentes divinités. Pour le cas présent, il nous reste à observer que *Minos* et *Jupiter* sont tour à tour désignés par les mythographes comme ayant enlevé dans la Troade le jeune Ganymède. Eustath. *ad* Homer., *Iliad.*, Y, p. 1205; Athen., XIII, p. 601, F. Cf. la *Nouvelle Galerie mythol.*, p. 67. *Pasiphaë* aussi est un surnom d'Aphrodite. Lydus, *de Mensibus*, IV, p. 79, ed. Bonn. L'on sait quels rapports intimes existent entre Junon et Vénus. Cf. *Aphrodite-Hera*, honorée à Sparte. Paus. III, 13, 6. M. Gerhard (*Archæologisches Intelligenzblatt der allgemeinen Literatur Zeitung;* Julius, 1836, S. 323) considère le sujet peint sur le vase que nous décrivons comme une représentation nuptiale. Il nous paraît certain que ces sortes de scènes sont des sujets choisis à dessein pour faire allusion à un mariage; mais on ne nous contestera pas sans doute que ces allusions étaient toujours cherchées dans des scènes mythologiques. D'ailleurs, le caractère des personnages représentés ici doit leur faire attribuer des noms mythologiques d'un ordre élevé.

47. — F. 17. (*Cyathis*). Peint. n. Vulci. — Une femme voilée et enveloppée dans un ample péplus. Elle tient des branches de lierre ou de myrte. De chaque côté, un grand œil. Vers les anses, deux éphèbes, chacun monté sur un *hippalectryon*. L'un est revêtu d'une tunique blanche, l'autre est entièrement nu.

Nous pourrions proposer pour cette charmante composition les noms d'*Électre* et de ses deux fils *Dardanus* et *Jasion*, personnages d'un caractère analogue à celui des Dioscures (1).

Haut., 16 centimètres.

(1) Apollod., III, 12, 1. Explication de M. Ch. Lenormant. La femme voilée est une forme de la déesse *Latone* ou la *Nuit*. Voyez le vase du Musée du Louvre décrit dans mon *Cat. étrusque*, n° 65, et qui sera publié dans le second volume de l'*Élite des mon. céramograph.* Après la destruction de Troie, *Électre*, une des étoiles qui forment la constellation des Pléia-

des, disparut et s'éclipsa. Eustath. *ad* Homer., *Iliad.*, Σ, p. 1155; Hygin., *Fab.* 192; Serv. *ad* Virg., *Georg.*, I, 138. On sait d'ailleurs que le culte des Pénates ou Cabires de Samothrace, institué par Dardanus, se confondit dans la suite avec celui des Dioscures Castor et Pollux. Plusieurs des mythes qui étaient originaires de la Troade furent portés plus tard sur le continent de la Grèce. On peut citer à cet égard l'*Érichthonius* troyen, et celui de l'Attique. Le coq, d'ailleurs, est un des types des médailles de Dardanus, ville de la Troade. Voyez Eckhel, *D. N.*, II, p. 482 et 483; Mionnet, II, p. 654 et suiv. Un cavalier est aussi un des types les plus fréquents des monnaies de Dardanus.

3. SUJETS ILIAQUES.

48.—F. 32. (*Cylix*). Peint. n. viol. et bl. Vulci. — Int. *Mercure*, assis sur le mont Ida; devant lui les trois déesses *Junon*, *Minerve* et *Vénus*. Les trois rivales sont debout et vêtues de tuniques richement brodées et variées d'ornements; des péplus de pourpre voilent leurs têtes, qui sont entourées de bandelettes. Celle qui est la plus près de *Mercure* étend la main droite en avant et semble lui adresser la parole; les deux autres portent la main droite à la bouche, comme pour recommander le secret. Le front des trois déesses est orné de la stéphané. *Mercure*, à demi assis, paraît écouter avec attention leurs discours; le dieu est barbu et vêtu d'une tunique courte, coiffé du pétase et chaussé de bottines. La cibise est suspendue à son côté. Dans la main droite, il tient le caducée, et dans la gauche la syrinx (1).

Ext. *Hercule* enchaîne *Cerbère;* le chien est bicéphale, des serpents l'entourent de tous côtés; un serpent, la gueule béante, remplace la queue. *Hercule* est barbu, revêtu de la peau de lion, et armé d'une épée suspendue à son côté; sa tête est nue. Il tient la massue de la main droite, et de la gauche la chaîne qu'il a passée au cou de *Cerbère*. En avant de ce groupe, est *Mercure;* le dieu est barbu et coiffé du pétase; il retourne la tête vers *Cerbère*. Son vêtement consiste en une tunique courte et une chlamyde brodée; ses pieds sont chaussés de bottines. Il tient le caducée d'une main, et étend l'autre en avant, comme pour exhorter *Hercule* à emmener le chien. En arrière du héros thébain, est une déesse debout, vêtue d'une tunique brodée et d'un péplus; sa tête est ceinte d'une bandelette; elle tient une couronne de la main gauche. On doit reconnaître ici *Athénénicé*.

Au-dessous de cette peinture, on lit : **KSENOKLES EΓOIESEN**, *Xénoclès a fait.*

R. *Achille*, **AXILEVS** (*sic*), armé de pied en cap, est représenté dans l'action d'une course rapide; son bouclier est béotien; il tient dans la main droite l'épée nue. Le héros poursuit *Héméthéa* (2), dont la fuite et les mouvements témoignent la frayeur. Entre ces deux personnages, sont deux chevaux en course, l'un rouge et l'autre noir, sur le premier desquels est monté un éphèbe vêtu d'une tunique blanche et d'une chlamyde brodée. Au-dessous des chevaux, est une hydrie cassée, qu'a laissé tomber la jeune fille qui prend la fuite. Au-dessous, on lit : **KSENOKLES EΓOIESEN**, *Xénoclès a fait.*

De chaque côté des anses est un sphinx (3).

Diam., 29 centimètres.

(1) Dans le *Cat. Durand*, n° 65, en décrivant cette magnifique coupe, j'avais suivi une ingénieuse et savante explication de M. Ch. Lenormant, qui avait cru reconnaître dans cette peinture *Mercure apprenant des Muses ou Melissæ l'art de la divination*. Homer., *Hymn. in Merc.* 552 sqq. Cf. Paus. X, 5, 5. Les mêmes nymphes étaient encore appelées Θριαί. Schol. *ad*

Callimach. *Hymn. in Apoll.* 45; Zenob. *Proverb.*, V, 75. La comparaison de ce sujet avec d'autres peintures, qui sont relatives au Jugement de Pâris, ont ramené M. Lenormant à l'explication proposée par M. Raoul Rochette (*Mon. inéd.* p. 261.), et adoptée par M. Gerhard (*Archäologisches Intelligenzblatt der allgemeinen Literatur-Zeitung*, Halle, Julius 1836, S. 310), c'est-à-dire à reconnaître ici *Mercure* et les *trois déesses* qui se présentent devant lui pour être menées à Pâris. On reviendra sur ces représentations dans l'*Élite des monuments céramographiques*. Je ne connais aucun autre monument antique qui montre *Mercure* avec la *cibise*. *Persée* reçoit des Nymphes le casque d'Hadès, les sandales ailées et la cibise. Apollod., II, 4, 2. Il est vrai qu'après avoir tué la Gorgone, *Persée* donne à *Mercure* les objets qu'il tenait des Nymphes; ce dernier les rend ensuite aux Nymphes. Apollod., II, 4, 3. Ainsi, on peut comparer ici les trois déesses, *Junon*, *Minerve* et *Vénus*, aux Nymphes qui indiquent à Persée le chemin qu'il doit suivre pour se rendre dans l'endroit où habitent les Gorgones. Cf. sur les rapports qui existent entre Mercure et Persée, Panofka, *Mus. Blacas*, p. 76 et 77.

(2) On peut voir sur *Hémithéa* les réflexions de M. Lenormant, dans mon *Cat. Durand*, n° 65, et celles de M. Panofka, dans les *Ann. de l'Inst. arch.*, VII, p. 278 et suiv. Cf. mon *Cat. étrusque*, n°s 75 et 122.

(3) Publié. Raoul Rochette, *Mon. inéd.*, pl. XLIX, 1. Décrit dans mon *Cat. Durand*, n° 65.

49. — F. 25. (*Amphore à mascarons*). Peint. r. Basilicate. — Le sacrifice d'*Iphigénie*. Derrière un autel carré, élevé sur deux gradins, est *Calchas*, debout, vêtu d'un ample manteau qui laisse à découvert la partie supérieure de son corps. Le grand prêtre est barbu et tient de la main gauche un sceptre, et de la droite un large couteau qu'il dirige vers *Iphigénie*, placée à côté de l'autel, à droite. La fille d'Agamemnon, la tête baissée, est vêtue d'une tunique talaire et d'un ampechonium, et attend, avec calme et résignation, le coup mortel. Mais une biche, dressée sur ses jambes de derrière, s'élance à côté d'*Iphigénie*, vers le couteau du sacrificateur. De l'autre côté de l'autel, à gauche,

sont deux personnages: le premier est un jeune ministre sacré, vêtu d'un manteau qui ne couvre que la partie inférieure de son corps; il pose un pied sur un tertre, et tient d'une main une œnochoé, et de l'autre une scaphé dans laquelle sont des fruits et des branches de myrte. En arrière de cet éphèbe est une hiérodule, vêtue d'une tunique talaire et d'un péplus; celle-ci tient la main gauche levée. Sur un plan supérieur, au-dessus de la scène du sacrifice, et derrière la biche, est *Diane*, debout, en habit de chasseresse, avec un péplus par-dessus sa tunique courte; la déesse est armée d'un arc et de deux javelots; ses pieds sont chaussés de brodequins. En face de Diane, *Apollon*, entièrement nu, assis sur sa chlamyde, tient une branche de laurier et retourne la tête vers sa sœur. Entre les deux divinités, sont deux bucrânes ornés de guirlandes (1). L'autel et les bucrânes sont peints en blanc.

Sur le col du vase, on voit deux griffons placés de chaque côté d'une palmette.

R. Au centre, un éphèbe nu, assis sur sa chlamyde, tient deux javelots. De chaque côté est une femme debout, vêtue d'une tunique talaire. Celle à droite tient une phiale; l'autre porte un miroir; un péplus recouvre sa tunique. En arrière de la femme qui tient une phiale, est un éphèbe nu, debout et s'appuyant sur un bâton; sa chlamyde est roulée autour de son bras gauche; au-dessus de l'éphèbe, assis au centre, on voit la moitié d'un bouclier rond.

Des têtes de Méduse, en relief, décorent les anses.

Haut., 71 centimètres, y compris les anses.

(1) Publié. Raoul Rochette, *Mon. inéd.*, pl. XXVI, B, p. 127 et suiv. Décrit dans mon *Cat. Durand*, n° 381.

50. — F. 3. (*Amphore tyrrhénienne*). Peint. n. Vulci. — *Clytemnestre*, vêtue d'une tunique talaire brodée et d'un péplus également brodé qui voile sa tête, est assise sur un trône dont le dossier se termine par une tête de cygne; les pieds du trône reposent sur des griffes de lion; une panthère (1) à gauche, et qui se retourne à droite, est placée sur la traverse qui lie les pieds du trône; une petite galerie, soutenue par des colonnes doriques, règne autour. *Clytemnestre* porte la main droite en avant, et, de la gauche, tirant son péplus, elle tient une couronne et une fleur à trois pétales qui se recourbe en hélice. Le costume de *Clytemnestre* convient parfaitement à une jeune mariée. Sur les vases qui retracent des scènes nuptiales, la mariée, placée sur le quadrige, est ordinairement voilée, et souvent elle porte une couronne à la main (2). Ces circonstances nous engagent à donner le nom d'*Agamemnon* au personnage, vêtu d'une riche tunique et d'un manteau brodé, qui se tient en avant du trône de *Clytemnestre*. Le roi est debout, la tête ceinte du diadème; il s'adresse, en levant la main gauche, à un éphèbe placé en regard avec lui et qui fait le même geste de la main droite. Cet éphèbe est placé en parallèle avec un second éphèbe qui se tient debout derrière le trône de *Clytemnestre*. On ne peut guère hésiter à reconnaître dans ces personnages les *Dioscures*, frères de *Clytemnestre*. Tous deux sont imberbes et nus; ils n'ont, pour tout vêtement, qu'une chlamyde. Près de celui qui parle à *Agamemnon*, est un chien laconien qui regarde son maître (3). Un troisième éphèbe, entièrement nu, est placé en arrière de l'autre *Dioscure*. Ce n'est probablement qu'un simple suivant, si toutefois on ne doit pas reconnaître, dans cet éphèbe, le *paranymphe*, peut-être

même *Égisthe*. Dans le champ, sont suspendues des draperies et des bandelettes.

R. Réunion de héros, dans laquelle nous reconnaissons la dispute d'*Achille* avec *Agamemnon*. Une inscription, tracée en caractères très-fins, et pour ainsi dire illisibles, se remarque au-dessus de la tête d'un des personnages. Cette inscription ne semble offrir aucun sens; on pourrait y trouver tous les éléments du nom **AXILLEVS**, *Achille;* mais rien n'est moins certain (4). Le héros thessalien est imberbe, vêtu d'une chlamyde brodée et armé d'une lance. Il lève la main droite et se retourne vivement à gauche, vers deux hommes barbus qui semblent lui faire des observations. Dans le premier, nous reconnaissons *Chrysès*, et dans le second *Agamemnon*, distingué par le sceptre ou la lance qu'il porte. Du reste, l'un et l'autre ont un costume à peu près pareil, consistant en une longue tunique et en un manteau richement brodés. Un lièvre (5) est suspendu derrière *Agamemnon*. A droite, de l'autre côté d'*Achille*, sont deux autres personnages barbus. Le premier, revêtu d'une simple chlamyde brodée, sera *Phœnix*, reconnaissable à ses cheveux et à sa barbe teints en rouge; peut-être, cependant, ne doit-on voir dans ce personnage que le héraut *Talthybius*, ou peut-être *Épéus*. Il se retourne vers *Achille* en faisant un geste des deux mains. Le second personnage, placé en parallèle avec *Agamemnon* et absolument vêtu comme ce roi, sera *Ménélas;* il porte également une lance. Dans le champ, sont suspendues des draperies.

Haut., 43 centimètres.

(1) Voyez mon *Cat. étrusque*, n° 135. *Clytemnestre* était figurée sous la forme d'une panthère sur le trône de l'Apollon Amycléen. Paus., III, 18, 8. Cf. Panofka, *Mus. Bartold.*, p. 79; duc de Luynes, *Ann. de l'Inst. archéol.* I, p. 281. On peut voir

dans mon *Cat. étrusque*, *l. cit.* note, les raisons qui nous ont engagé à donner le nom d'*Agamemnon* au roi au-dessous du trône duquel on remarque un *lion*. C'est par la comparaison de ce sujet et de celui que nous avons décrit dans le même *Catalogue*, n° 139, avec le vase décrit ici sous le n° 50, que nous sommes parvenu à saisir le sens de ces sortes de compositions.

(2) Voyez mon *Cat. Durand*, n°s 648 et 649.

(3) Cf. le fameux vase du Musée Grégorien publié par l'*Institut archéologique*, *Mon. inéd.*, II, pl. XXII. Là Pollux caresse un chien.

(4) Du reste, je n'attache aucune importance à ma lecture. La scène paraît assez bien caractérisée pour pouvoir en essayer l'interprétation sans le secours de cette inscription.

(5) Dans l'*Iliade* (A, 225), Achille, en se répandant en injures contre Agamemnon, lui reproche d'avoir le cœur d'un cerf ou d'une biche. Le lièvre indiquerait ici la peur. Cf. un vase représentant *Persée* poursuivi par les deux Gorgones *Sthéno* et *Euryale*; au-dessus est peint un lièvre fuyant devant deux loups. Panofka, *Mus. Bartold.*, p. 78; Gerhard, *Berlin's ant. Bildw.*, n° 1033; Levezow, *Gorgonen Ideal*, Taf. II, 24, S. 61.

51. — F. 18. (*Œnochoé*). Peint. n. Vulci. — Deux hoplites conduisent deux captifs nus, qui ont les mains attachées derrière le dos. Les hoplites portent des boucliers argiens; les emblèmes sont : un bucrâne et une espèce de croix, probablement la roue d'un flambeau. Les deux captifs sont nus, à l'exception d'une chlamyde qui retombe par-devant. Une autre draperie se voit dans le champ. En arrière des deux hoplites, à droite, marche un archer, coiffé du bonnet pointu et armé d'un carquois. Cet archer tient les liens qui attachent les deux captifs. Il est probable que ce sujet est relatif aux funérailles de *Patrocle*. On conduit vers le bûcher de *Patrocle* les captifs troyens qu'*Achille* va immoler aux mânes de son ami (1).

Haut., 22 centimètres.

(1) Un petit vase à une anse, autrefois du Musée du prince

de Canino, représente le même sujet. Cf. la belle ciste en bronze de la collection de M. Révil, publiée par M. Raoul Rochette, *Mon. inéd.*, pl. XX.

52.—F. 7. (*Amphore bachique*). Peint. n. Vulci. — Une femme menée par deux hoplites à un éphèbe enveloppé dans un manteau. L'un des hoplites est armé d'une lance, l'autre d'une épée dont il semble menacer la femme. Celle-ci est vêtue d'une tunique talaire et a la tête voilée de son péplus. L'éphèbe porte une lance (1).

R. Un quadrige vu de face et monté par un hoplite accompagné de son aurige; celui-ci est revêtu d'une longue tunique blanche. A droite, est placé, à côté des chevaux, un éphèbe enveloppé dans son manteau, dans une pose tout à fait semblable à l'éphèbe qui occupe la même place dans la peinture tracée sur l'autre face du vase (2).

Sous le pied : **K A**.

Haut., 35 centimètres.

(1) Si la femme n'était pas menacée par un des guerriers, on pourrait voir ici *Briséis* ramenée à *Achille*. Cf. un vase du Cabinet Durand. Voyez mon *Catalogue*, n° 20, et Gerhard, *Auserlesene griechische Vasenbilder*, Taf. II. Peut-être à cause de ce geste menaçant d'un des guerriers, doit-on voir ici *Hécube*, amenée par deux Grecs à *Pyrrhus*. Cf. dans mon *Cat. Durand*, les sujets de *Ménélas* et *Hélène*, n° 13; d'*Alcméon* et *Ériphyle* ou *Mars* et *Vénus*, n° 105; d'*Hélène*, entre les *Dioscures* ou entre *Thésée* et *Pirithoüs*, n°s 309, 361, 371, 372, 405; d'*Éthra*, entre *Acamas* et *Démophon*, n° 412.

(2) La seconde peinture pourrait représenter *Patrocle* et *Automédon*, placés sur le char d'*Achille*. Le héros assisterait au départ de son ami, qui va mener au combat les Myrmidons.

53.—F. 10. (*Cratère*). Peint. jaunes, fabrique étrusque. Vulci. — *Ajax*, AIFAΣ immole un prisonnier troyen. Le héros grec est barbu; il est revêtu d'une tunique courte, et, par-dessus, d'une cuirasse de couleur blanche et enrichie d'ornements; des cnémides, également de couleur blanche, couvrent ses jambes. Des espèces de larges bracelets entourent son bras et son avant-bras droit. Sa tête est nue et ses cheveux sont très-courts. *Ajax* saisit par les cheveux le prisonnier, et lui plonge un large glaive dans la poitrine. Le jeune Troyen est entièrement nu; ses mains sont attachées derrière le dos. Il est placé à genoux aux pieds du vainqueur. En arrière de la victime est *Charon*, ↓APV, debout. Des oreilles de satyre, des dents en forme de défenses de sanglier, une barbe hérissée, caractérisent le dieu infernal. Des deux mains, il tient son marteau levé pour frapper la victime (1) qui va succomber sous les coups d'*Ajax*. Pour tout vêtement, *Charon* n'a qu'une courte tunique; derrière les épaules, on aperçoit une espèce de croissant.

R. *Charon*, debout et dans le même costume que nous venons de décrire, s'appuie des deux mains sur son marteau. Il est entouré de trois femmes. L'une, à droite, nommée *Penthésilée*, AJIЯA+HƎ1, est placée sur un tertre. Elle est vue de face et enveloppée dans son péplus qui lui voile la tête. Une large bandelette est disposée transversalement sur sa poitrine, qui est à découvert. L'air mélancolique, la tête penchée sur l'épaule, le voile, tout ici indique l'arrivée d'une ombre dans le séjour infernal. Une seconde femme voilée, et vêtue du même costume que porte *Penthésilée*, précède celle-ci et s'avance vers *Charon*. Auprès, on lit :

AIΘHIB

VMᐊVΓ

ƧAƆ

Hinthia ou *Finthia Turmucas*. Enfin la troisième femme est placée en arrière de *Charon* et lui tourne le dos. Elle est revêtue d'une double tunique, et croise les deux mains (2).

Haut., 38 centimètres.

(1) Tertullian. *Apolog.* xv. *Vidimus et Jovis fratrem gladiatorum cadavera cum* MALLEO *deducentem.* Cf. *ad Nat.*, I, 10. Ces passages prouvent bien que *Charon* est le dieu infernal identique à *Pluton*, aussi bien que son ministre. Cf. ma *Lettre à M. Gerhard*, dans les *Nouvelles Ann.*, I, p. 526. Voyez aussi sur la signification du marteau la *Nouvelle Galerie myth.*, p. 54 et 55, et un intéressant article de M. Ch. Lenormant, dans les *Nouv. Ann.*, II, p. 162 et suiv. Cf. Ambrosch, *de Charonte etrusco.*

(2) Publié. *Mon. inéd. de l'Inst. archéol.*, II, pl. IX. Cf. Raoul Rochette, *Ann. de l'Inst. archéol.*, VI, p. 274 et suiv., et sur les inscriptions, un savant article du P. Secchi, *Ann. de l'Inst. arch.*, VIII, p. 77 et suiv.

54. — F. 7. (*Amphore bachique*). Peint. n. Vulci. — Les deux héros (κυβευταί) assis sur des cubes (1). Au centre, *Minerve* debout, et armée du casque, de la lance et d'une égide entourée de serpents. L'un des boucliers est argien et offre un trépied; l'autre est béotien et décoré d'une guirlande de lierre. Aucune trace de dés ni de base ne se trouve entre les deux hoplites, qui étendent tous deux la main droite en avant.

R. Un hoplite accompagné de son écuyer sur un quadrige à gauche; un scorpion peint en blanc (2) sert d'emblème au bouclier argien du guerrier. Une guirlande de lierre décore le bouclier de l'aurige.

Sous le pied : KEA (3).

Haut., 48 centimètres.

(1) Cf. des sujets analogues dans mon *Catalogue Durand*, nos 385, 398 à 403, et sur le sens de ces représentations, Panofka, *Bull. de l'Inst. arch.*, 1832, p. 70 et suiv.; Lenormant, *Nouv. Ann.*, I, p. 241.

(2) Ce scorpion pourrait faire croire que c'est *Achille* que

l'artiste a voulu figurer. Cf. Raoul Rochette (*Mon. inéd.*, pl. XVIII et p. 86) sur le scorpion, comme symbole de Mars.

(3) Décrit dans mon *Cat. étrusque*, n° 141.

55. — F. 27. (*Œnochoé*). Peint. n. sur fond bl. Vulci. — *Énée*, armé de pied en cap, emporte son père *Anchise*. Le vieillard est chauve et couvert d'un manteau qui enveloppe tout son corps; *Énée* est armé d'un bouclier béotien et de deux javelots. En arrière de ce groupe, vient *Créuse*, vêtue d'une double tunique, dont la supérieure est parsemée d'étoiles et recouverte d'un péplus. Elle fait un geste en levant la main gauche. Deux guerriers, l'un armé de toutes pièces et portant un grand bouclier argien, s'enfuient devant *Énée*. L'autre est un archer armé d'une hache et d'un carquois; ses anaxyrides sont parsemées d'étoiles. Tous deux se retournent en arrière dans leur fuite précipitée.

Un buste de femme avec les deux bras en relief décore l'extrémité de l'anse vers l'embouchure du vase (1).

Haut., 25 centimètres.

(1) Publié. Raoul Rochette, *Mon. inéd.*, pl. LVIII, 2, et p. 387. Décrit dans mon *Cat. Durand*, n° 413.

56. — F. 32. (*Cylix*). Peint. n. et r.; terre pâle, style ancien. Grande-Grèce. — Le cyclope *Polyphème* est assis sur un rocher. Sa barbe est hérissée; sa longue chevelure descend sur ses épaules. Il tient encore dans ses mains les jambes d'un des malheureux compagnons d'*Ulysse* qu'il a dévorés. *Ulysse*, debout et imberbe, lui présente à boire dans le vase nommé *cissybion* (1); en même temps le roi d'Ithaque, assisté de trois de ses compagnons, dirige vers le front du cyclope le pieu aiguisé qu'il a préparé pour se venger. Les quatre Grecs et le cyclope sont

entièrement nus. Deux des compagnons d'*Ulysse* sont imberbes; le troisième est barbu. Au-dessus des Grecs, on voit un long serpent tacheté, dont la gueule béante touche la tête de *Polyphème*. Sous la composition, dans un espace semblable à l'exergue d'une médaille, un grand poisson s'approche, en nageant, d'un appât qu'il est sur le point de saisir.

L'intérieur de cette coupe est orné de cercles noirs et rouges, dans le genre des vases les plus anciens (2).

Diam., 22 centimètres.

(1) Homer., *Odyss.*, I, 346; Athen., XI, p. 777, A.

(2) Publié. *Mon. inéd.* de l'*Inst. archéol.* I, pl. VII, 1; duc de Luynes, *Ann. de l'Inst. archéol.* I, p. 278. Cf. le *Recueil* de Gargiulo. Décrit dans mon *Cat. Durand*, n° 416.

57. — F. 35. (*Cylix*). Peint. n., violettes et bl. Vulci. — Ext. *Les vaisseaux d'Ulysse passent devant les rochers des Sirènes.* On voit deux vaisseaux voguant de front à pleines voiles. La proue est ornée d'une tête de sanglier, et à la poupe est une tête de cygne. Sur chaque vaisseau est représenté un homme debout et drapé, placé à la proue; un rameur est à l'arrière du navire. Vers l'anse, est une *Sirène* placée sur un rocher, et retournant la tête vers les vaisseaux; plus loin est un dauphin. **NIKOSΘENES EΓOIE**, *Nicosthènes a fait.*

R. Le même sujet, si ce n'est que les proues sont ornées chacune d'un œil peint au-dessus des têtes de sanglier, et qu'aucun personnage ne paraît sur le devant des vaisseaux. Les rameurs sont dans la même position; seulement l'un d'eux lève la main, comme surpris à l'aspect de la *Sirène* placée sur un rocher, de même que sur l'autre face, et avec un poisson plus loin.

Les voiles des vaisseaux sont peintes en blanc (1).

Diam., 28 centimètres.

(1) Décrit dans mon *Cat. Durand*, n° 418.

58. — F. 28. (*Lécythus*). Dessins au trait. Athènes. — Une femme, vêtue d'une tunique talaire et d'un péplus, et coiffée du cécryphale, tient une phiale et une bandelette. Elle est placée devant un cippe funèbre élevé sur deux degrés et surmonté d'une palmette. Près du cippe, on lit ΠΥΡΡΟΣ, *Pyrrhus* (1).

Haut., 19 centimètres.

(1) On pourrait voir ici le tombeau de *Pyrrhus*, fils d'Achille. Cf. le tombeau d'Agamemnon avec l'inscription Αγαμε sur un vase qui a été publié dans le *Recueil* de Gargiulo. Cf. aussi le grand vase publié par M. Millingen, *Vases grecs*, pl. XIV; Gerhard und Panofka, *Neapels ant. Bildwerke*, S. 306, n° 405. Pyrrhus, après qu'il eut été tué par Oreste, fut enterré sous le seuil du temple de Delphes. Schol. *ad* Pindar. *Nem.* VII, 62; Paus. X, 24, 5. On sait également que Pyrrhus recevait à Delphes les honneurs d'un culte comme héros défenseur de la ville. Paus., *l. cit.*; Schol. *ad* Pindar., *Nem.*, VII, 65.

4. SUJET HISTORIQUE.

59. — F. 2. (*Peliké*). Peint. r., bl. et viol. Basilicate. — Deux rangs de peintures. Premier rang à la partie inférieure. Au centre, on voit une femme assise sur un siége à dossier; elle croise les jambes; ses pieds, chaussés de souliers rouges, reposent sur un *hypopodium*. Elle porte la main gauche à son menton. Devant elle, un éphèbe, nu et debout, croise les jambes, et tient une coupe profonde; sa chlamyde retombe par derrière; une couronne de

myrte ou de laurier orne son front. Au-dessus de ce groupe, vole l'*Amour hermaphrodite* apportant une couronne. A droite de ces trois figures, est un groupe de deux personnages. Une femme, assise sur un siége sans dossier, a les pieds posés sur un *hypopodium;* elle tient une ombrelle, et retourne la tête vers un éphèbe nu qui s'appuie sur un bâton, et tient une chlamyde de la main gauche. A gauche du groupe central, sont deux femmes: l'une est assise sur un siége; elle tient une pyxis entr'ouverte et une couronne; à côté d'elle est un calathus dans lequel est placé le fuseau. L'autre femme est debout, et s'appuie sur le dossier du siége de celle qui paraît supérieure aux trois autres. Elle croise les jambes, et étend la main droite vers la femme assise que nous venons de décrire, et avec laquelle elle semble s'entretenir (1).

Deuxième rang supérieur. Un char guidé par *Vénus,* et auquel sont attelés deux génies hermaphrodites, *Himeros* et *Pothos;* tous deux portent une phiale et une couronne, et l'un tient de plus une branche de myrte. Des perles ornent différentes parties de leur corps. La déesse est vêtue d'une tunique talaire et d'un péplus; une stéphané orne son front. En arrière du char, à droite, est un labrum contre lequel est appuyée *Pitho;* le costume de la déesse est le même que celui de *Vénus.* Elle croise les jambes et tient une guirlande de fleurs et un éventail. Devant le char, sont assises deux autres femmes, probablement deux *Grâces*, l'une au-dessus de l'autre; leur costume est pareil à celui qui déjà a été décrit. Celle qui est représentée sur le plan supérieur croise les jambes, et tient le trigonum ou lyre triangulaire. L'autre relève son péplus de la main droite, et tourne la tête vers un cygne placé à côté d'elle. Dans le champ, la sphéra, répétée deux fois, et une bandelette (2).

Au-dessous de ces deux tableaux, on voit, à partir de la gauche, une fleur de lis (κρίνον), une ciste, une biche, un cygne, une corbeille ou scaphé, et une lyre.

Sur le col, est peinte en blanc une tête de femme vue des trois quarts. Elle est posée sur une fleur épanouie et entourée d'enroulements de fleurs et de feuillages.

R. Deux rangs de peintures. Premier rang inférieur. Une femme, assise sur un rocher, présente une pyxis entr'ouverte à un éphèbe debout devant elle. Celui-ci est nu, croise les jambes et tient une couronne. Sa chlamyde est posée sur son épaule gauche. En arrière de cet éphèbe, est une femme debout; elle tient un miroir et une couronne. A droite du tableau, en arrière de la femme placée au centre, sont deux autres femmes, dont la première, debout, tient la couronne et la scaphé chargée de fruits, et se retourne vers une femme assise qui a pour attributs un miroir et une couronne. Devant elle est une sphéra. Le plat rempli de fruits (κέρνος) est placé au-dessus du groupe central; deux phiales se trouvent au-dessous du rocher sur lequel est assise la femme qui paraît être la plus élevée en dignité.

On pourrait voir ici *Adonis* avec *Vénus* et les trois *Grâces* (3).

Second rang supérieur. Trois femmes vêtues de tuniques talaires et de péplus. Celle qui est au centre est assise et tient un éventail et une bandelette : elle retourne la tête vers une autre placée à droite, et qui tient la jambe droite levée. Une couronne et un miroir forment ses attributs. La troisième femme à gauche est assise, et tient le plat chargé de fruits (κέρνος), et une couronne. Une sphéra et une bandelette sont peintes dans le champ (4).

Cette composition pourrait aussi représenter sept *Muses* et le poëte *Linus* (5).

Haut., 71 centimètres.

(1) Ce sujet, selon M. Ch. Lenormant, pourrait se rapporter à *Sapho* et aux femmes lesbiennes. Dans le *Cat. Durand*, n°s 423-427, nous avons expliqué plusieurs sujets comme offrant les amours de *Sapho* et de *Phaon*. On connaît le célèbre vase du Musée de Vienne, qui représente *Alcée* et *Sapho*, avec leurs noms. Millingen, *Ancient uned. monum.*, pl. XXXIII. Cf. les savantes recherches de M. Bröndsted, *Voyages et Recherches dans la Grèce*, liv. II, p. 277 et suiv. La femme assise au centre du tableau serait dans ce cas *Sapho;* on reconnaîtrait *Phaon* dans l'éphèbe debout près d'elle. On range ordinairement ces sujets parmi les peintures inexplicables, relatives aux mystères. Cf. Lenormant et de Witte, *Élite des monuments céramographiques*, p. 73.

(2) La présence de Vénus et des Grâces dans la partie supérieure de cette composition, peut facilement être expliquée dans un sujet relatif aux amours de la poëtesse de Lesbos.

(3) Cf. mon *Cat. Magnoncour*, n° 4.

(4) Décrit dans mon *Cat. Durand*, n° 435, parmi les *vases des mystères*.

(5) Opinion de M. Ch. Lenormant.

C. VIE CIVILE.

1. JEUX ATHLÉTIQUES.

60. — F. 4. (*Amphore panathénaïque*) avec couvercle. Peint. n. Vulci. — *Minerve* debout et vibrant la lance. La déesse est revêtue d'une tunique talaire parsemée d'étoiles; elle est armée d'un casque, d'une égide hérissée de serpents, et d'un grand bouclier argien, qui a pour symbole une Sirène

jouant de la double flûte. Cette Sirène est peinte en blanc. De chaque côté est une colonne dorique surmontée d'un coq. Le long de la colonne, qui fait face à la déesse, à gauche, on lit : **TON AΘENEΘEN AΘLON**, *le prix donné à Athènes.*

R. La course à pied. Quatre hommes entièrement nus, deux éphèbes et deux hommes plus âgés et barbus, s'élancent dans le stade.

Ce vase, d'une conservation parfaite, mais d'une couverte peu brillante, est une des plus belles amphores panathénaïques qui soient sorties des fouilles de Vulci.

Haut., 69 centimètres, y compris le couvercle.

61. — F. 4. (*Amphore panathénaïque*). Peint. n. Vulci. — *Minerve* debout, dans la pose décrite au n° précédent. Sur le grand bouclier argien que porte la déesse, est peint le *Gorgonium*, vu de face, avec la langue hors de la bouche. De chaque côté, une colonne dorique surmontée d'un coq. Près de la colonne, à gauche, on lit : **TON AΘENEΘEN AΘΛON**, *le prix donné à Athènes.*

R. Trois éphèbes nus, courant dans le stade.

Ce vase est de la seconde grandeur des amphores panathénaïques.

Haut., 50 centimètres.

62. — F. 8. (*Stamnus*). Peint. r. Vulci. — Deux éphèbes nus et deux pédotribes barbus, drapés dans le tribon. Un des éphèbes tient des deux mains une cnémide, le second ne porte rien et se retourne vers un des pédotribes. Ce dernier tient une baguette fourchue par le bout. **KALOS HOΠAIS KALOS**, *il est beau; le garçon est beau.*

R. Sujet analogue, composé de quatre figures. Les pédotribes tiennent chacun une baguette fourchue par le bout. Les deux éphèbes se préparent pour la course armée. L'un pose son casque sur sa tête; l'autre tient un casque et un grand bouclier argien, sur lequel est peint en noir un hoplite en course. **KALOS**, *il est beau.*

Haut., 36 centimètres.

63. — Petit plat. Peint. r. — Int. Un homme, nu et barbu, couronné de lierre, porte sur ses épaules sa chlamyde suspendue à un bâton noueux; ses pieds sont chaussés de bottines. Un sac en peau (θύλακος) est suspendu à son bras gauche. Dans sa main droite, il tient un vase, F. 13. **ΕΠΙΚΤΕΤΟΣ ΕΛΡΑΣΦΕΝ** (*sic*), *Epictète a peint* (1).

Diam., 20 centimètres.

(1) Décrit dans mon *Cat. étrusque*, n° 178.

2. GUERRE.

64. — F. 9. (*Amphore de Nola*), avec anses cordées. Peint. r. Style de Nola. — Un guerrier nu, n'ayant qu'une chlamyde sur les deux bras, étend la main droite en présentant une phiale à une jeune femme debout en face de lui. Un casque à géniastères, une lance et un bouclier argien, dont l'emblème est un serpent peint en noir, forment l'équipement de ce guerrier. La jeune femme, la tête entourée d'une stéphané radiée, est vêtue d'une tunique talaire que recouvre un ample péplus. Elle tient des deux mains une œnochoé avec laquelle elle se dispose à verser à boire au guerrier.

R. Un personnage, barbu et drapé, appuyé sur un bâton noueux (1).

Haut., 54 centimètres.

(1) Décrit dans mon *Cat. étrusque*, n° 186.

65.—F. 3. (*Amphore tyrrhénienne*). Peint. n. Vulci. — Guerriers qui s'arment en présence d'hommes barbus et revêtus de longues tuniques de pourpre et de manteaux noirs. Le sujet fait tout le tour du vase. Sous chaque anse on voit un petit homme nu et barbu, qui semble courir et faire des gestes avec les bras. Les guerriers, qui sont occupés à s'armer, sont au nombre de six, et les hommes revêtus de longues tuniques, au nombre de trois. Deux de ces derniers personnages tiennent des couronnes.

Sur le col, on voit un sujet qui se répète de chaque côté. *Mercure*, barbu et avec de grandes ailes attachées aux épaules (1), est représenté en course, au milieu de deux hommes barbus revêtus de longues tuniques et de manteaux. Le dieu retourne la tête en arrière; il est revêtu d'une tunique courte, serrée par une ceinture; ses pieds sont chaussés de bottines ailées. Sur une des faces, une nébride est attachée par-dessus la tunique. Un des hommes barbus tient une couronne.

Sous le pied, **ΣO**.

Haut., 40 centimètres.

(1) Le *Mercure* avec de grandes ailes attachées au dos n'est connu que depuis les découvertes des vases de Vulci. On le voit sur une amphore publiée par M. Micali, *Storia degli ant. pop. ital.*, tav. LXXXV, 3; sur une coupe inédite de la collection de M. Panckoucke et sur un beau trépied en bronze. Voyez mon *Cat. étrusque*, n° 242. Cf. n° 221. Quelquefois même *Mercure* a quatre ailes comme sur le trépied que nous venons de citer. *Mercure* est ici représenté entre deux pédotribes comme dieu de la palestre. *Hermès* Ἀγώνιος ou Ἐναγώνιος. Pindar., *Olymp.*, VI, 79, et *ibi* Schol., ed. Bœckh; Paus., V, 14, 7.

3. SCÈNES DE LA VIE DOMESTIQUE.

66. — F. 28. (*Lécythus*). Dessins au trait. Athènes. — Une jeune fille, revêtue d'un tunique talaire et d'un péplus, se retourne vers un calathus posé à terre. De la main gauche, cette jeune fille tient une couronne. Un siége à dossier est placé à côté d'elle.

Haut., 22 centimètres.

67. — F. 2. (*Peliké*). Peint. r. Bomarzo, style de Nola. — Scène d'hospitalité. Un éphèbe, revêtu de la chlæna, chaussé de bottines et armé de deux javelots et d'une épée suspendue à son côté, fait une libation avec la phiale qu'il tient de la main droite. Son pétase retombe par derrière sur ses épaules. Une jeune fille, revêtue d'une double tunique, se tient debout devant l'éphèbe, et porte de la main droite une œnochoé. Entre les deux figures, on lit le mot : ΚΑΛΟΣ, *beau*. Un vieillard est assis sur un rocher, à droite de cette scène. Ce vieillard tient un bâton en forme de béquille; un ample manteau enveloppe son corps.

R. Une jeune fille, vêtue d'une tunique talaire et d'un péplus, est placée entre un homme barbu et un éphèbe. Ces deux personnages sont drapés et munis de bâtons. La jeune fille semble amener l'éphèbe à l'homme barbu.

Sous le pied, les lettres XE.

Haut., 33 centimètres.

———

D. FORMES.

1. VASES SANS ORNEMENTS.

68. — F. 23. (*Aryballos*). — La panse est à côtes.

Haut., 10 centimètres.

69. — Deux lampes noires.

70. — F. 29. — Vase noir à une anse.

Haut., 9 centimètres.

2. VASES AVEC ORNEMENTS.

71. — F. 34. Nola. — Vase noir avec ornements et muni de son couvercle.

Diam., 28 centimètres.

72. — Lampe noire, à ornements rouges, trouvée en Sicile.

Diam., 6 centimètres.

73. — F. 37. (*Phiale*). — L'intérieur est orné de grappes de raisin et de feuilles de vigne. L'extérieur présente une couronne de myrte peinte en noir sur un fond jaune.

Diam., 21 centimètres.

74. — Deux petits vases en terre pâle, avec ornements brun-rouge. Manière phénicienne.

Haut. du plus grand, 8 centimètres.

75. — F. 32. (*Cylix*). Vulci. — A l'extérieur on lit de chaque côté l'inscription : **XAIPE KAI ΠIEI EV**. *Salut et bois bien!*

Diam., 15 centimètres.

3. VASES AVEC TÊTES.

76. — F. 31. (*Scyphus*). Peint. r. Basilicate. — De chaque côté une tête de femme de profil.

Haut., 11 centimètres.

77. — Petit vase à deux anses. Peint. r. Basilicate. — Il est orné de chaque côté d'une tête de femme de profil.

Haut., 8 centimètres.

78. — F. 23. (*Aryballos*). Peint. r. Basilicate. — Tête de femme à gauche.

Haut., 13 centimètres.

79. — F. 21. (*OEnochoé*). Peint. r. Basilicate. — Tête de femme à droite.

Haut., 26 centimètres.

80. — F. 20. (*OEnochoé*). Peint. r., j. et bl. Basilicate. — Une tête de femme à gauche.

Haut., 23 centimètres.

4. ANIMAUX.

81. — F. 26. Manière phénicienne. Vulci — Trois oiseaux palmipèdes.

Haut., 8 centimètres.

82. — F. 26. Manière phénicienne. Vulci. — Deux lions retournant la tête.

Haut., 7 centimètres.

83. — F. 32. (*Cylix*). Peint. n. Vulci. — Ext. De chaque coté de cette coupe est peinte une *Sirène*, les ailes éployées.

Diam., 22 centimètres.

84. — F. 14. Peint. j. Nola. — Un taureau, à face humaine, imberbe, est peint sur le couvercle (1). Dans le champ, deux sphères.

Trouvé à Bomarzo.

Haut., 7 centimètres.

(1) Cf. mon *Cat. étrusque*, n° 92, note 1.

5. FORMES SINGULIÈRES.

85. — *Rhyton*. Peint. r. Basilicate. — *Tête de chien de Laconie*. Sur le col, une femme, assise sur un rocher, tient d'une main un éventail, et de l'autre une couronne; une sphéra et une bandelette sont suspendues dans le champ.

La tête du chien est de la couleur naturelle de la terre (1).

Haut., 15 centimètres.

(1) Décrit dans mon *Cat. Durand*, n° 1273.

86. — *Rhyton*, muni d'un piédouche. Peint. j. Basilicate. — *Tête de panthère*. Sur le col, une femme, assise sur un rocher, se tourne à gauche, et tient une corbeille remplie de fruits et de fleurs, et une couronne.

La tête de l'animal est de la couleur naturelle de la terre (1).

Haut., 21 centimètres.

(1) Décrit dans mon *Cat. Durand*, n° 1280.

87. — *Rhyton.* Peint. r. Basilicate. — *Tête de bélier.* Sur le col, deux *satyres* barbus et nus; l'un présente une outre à l'autre, qui lève la main droite.

Ce rhyton est percé à l'extrémité, pour boire lentement le liquide qui s'échappait en un mince filet (1).

Haut., 23 centimètres.

(1) Décrit dans mon *Cat. Durand*, n° 1284.

88. — *Rhyton.* Sicile. — *Tête de griffon* sans peintures (1).

Haut., 14 centimètres.

(1) Décrit dans mon *Cat. Durand*, n° 1289.

89. — *Rhyton.* Nola. — *Tête de bélier*, sans peintures, ayant seulement une couronne de myrte pour ornement du col.

Haut., 14 centimètres.

90. — *Rhyton.* Peint. r. Basilicate — *Tête de biche.* Sur le col, une *ménade*, assise sur un rocher, tient une pyxis et une grappe de raisin. Dans le champ, deux bandelettes et une feuille de lierre.

Haut., 23 centimètres.

91. — *Rhyton.* Peint. r. Basilicate. — *Tête de mulet.* Sur le col, une femme assise sur un rocher

et tenant une corbeille et une couronne. Près d'elle, un flambeau à roue.

Haut., 22 centimètres.

92. — *Rhyton*. Peint. j. Vulci. — *Tête de génisse*. Sur le col, une *Ker* ou une *Harpyie* ailée, revêtue d'une tunique talaire, et trois jeunes filles qui s'enfuient. Elles sont revêtues de tuniques talaires et de péplus. Leur coiffure, ainsi que celle de la *Ker*, est le cécryphale. Ce sujet représente les *filles de Pandarée enlevées par les Harpyies* (1).

Haut., 14 centimètres.

(1) Homer., *Odyss.*, Υ, 66-77. Le Scholiaste (*ad* 66; cf. *ad Odyss.*, Τ, 518) nomme les trois filles de Pandarée, *Aëdon*, *Mérope* et *Cléothère*. Dans Pausanias (X, 30, 1), il n'est question que de deux filles de Pandarée, nommées *Clytie* et *Camiro*. On sait que les artistes anciens donnaient aux *Harpyies* la forme d'une femme ailée. Voyez le vase de Phinée et des Harpyies, publié par M. Millingen, *Ancient uned. monum.*, pl. xv. Cf. mon article sur la *mort d'Alcyonée* dans les *Ann. de l'Inst. arch.*, V, p. 313.

93. — *Rhyton*. Peint. r. Basilicate. — *Tête de taureau*. Sur le col, *Apollon* nu, assis sur sa chlamyde et tenant une branche de laurier. Devant lui, *Hébé* (1), revêtue d'une tunique talaire et d'un péplus, présente une phiale au dieu et tient une couronne. Dans le champ, une feuille de lierre.

Haut., 19 centimètres.

(1) *Diane* se présente quelquefois sous la forme d'Hébé sur les vases. Gerhard, *Auserlesene griechische Vasenbilder*, Taf. xxix und xxx.

94. — *Rhyton*. Basilicate. — *Tête de bélier*, sans peintures.

Haut., 13 centimètres.

95. — F. 18. (*Œnochoé*) en forme de tête de femme représentant *Vénus* couronnée de myrte.

Haut., 16 centimètres.

96. — Forme de tête de *négresse* ouverte par en haut et munie d'une anse. La sphendoné parsemée d'étoiles, et une couronne de laurier, forment la parure de cette tête. Ces ornements sont peints en blanc.

Haut., 15 centimètres.

97. — F. 28. *Lécythus* en forme de tête de femme. Cette tête, représentant probablement *Vénus*, est peinte en blanc, et le goulot, ainsi que l'anse, sont coloriés en noir.

Trouvé par feu Ed. Dodwell dans un tombeau près de Corinthe.

Haut., 12 centimètres.

98. — Forme de tête humaine, armée d'un casque à géniastères. Un petit goulot s'élève au-dessus du casque.

Ce vase est d'argile rouge et a été trouvé à Montalto, aux environs de Vulci (1).

Haut., 6 centimètres.

(1) Une semblable tête a été décrite dans mon *Cat. Durand*, n° 1265.

99. — F. 16. *Ascus* représentant un canard. Couverte jaune et ornements en noir.

Haut., 24 centimètres.

100. — Forme de colombe peinte en blanc et munie d'une anse et d'un goulot placé entre les ailes. Ces accessoires sont peints en noir, ainsi que

l'extrémité de la queue et la base ronde sur laquelle pose la colombe.

Haut., 17 centimètres.

101. — Forme de biche accroupie; la tête sert de couvercle. Terre pâle, avec taches brunes.

Haut., 11 centimètres.

102. — Forme de biche accroupie. Un goulot est placé sur la croupe; une anse s'adapte à la tête pour se rattacher ensuite au goulot. Terre pâle, avec taches brunes.

Haut., 13 centimètres.

103. — Forme de biche accroupie, munie d'une anse qui se rattache au dos. Derrière la tête, il y a une petite ouverture pour introduire le liquide. Terre pâle, avec taches noires.

Haut., 14 centimètres.

104. — Petit vase en forme de taupe. Un des yeux est percé et servait à introduire le liquide. Terre pâle, avec ornements bruns.

Trouvé à Tarquinies.

Long., 9 centimètres.

105. — Jouet en forme de canard couché, la tête repliée sur le dos. Terre pâle, avec ornements bruns. Ce petit monument, creux à l'intérieur, sans aucune ouverture au dehors, renferme une petite balle en métal, ou des cailloux qui rendent un son quand on agite le jouet (1).

Long., 11 centimètres.

(1) Cf. le petit vase ψηφοπεριβομβητρία décrit dans le *Cat. Durand*, n° 1381, et publié par M. Raoul Rochette, *Mon. inéd.*, p. 155 et 197. Cf. Panofka, *Ann. de l'Inst. arch.*, II, p. 142.

6. VASES GRECS, A RELIEFS.

106. — F. 30. Tête de *satyre* barbu, vue de face.

Diam., 9 centimètres.

107. — F. 30., avec un petit goulot placé sur le côté. Tête de *Minerve* casquée, vue de face.

Diam., 8 centimètres.

108. — F. 30. Masque de *Silène*.

Diam., 11 centimètres.

109. — F. 30. *Amazone* à cheval à gauche, armée de la pelta et coiffée du bonnet phrygien.

Diam., 10 centimètres.

110. — F. 30. Tête d'*Hercule* barbu, coiffé de la dépouille du lion.

Diam., 11 centimètres.

111. — F. 30. Tête de *Méduse* vue de face, d'un aspect hideux.

Diam., 11 centimètres.

112. — F. 16. (*Ascus*). Tête de *Méduse*, de face, les cheveux hérissés, mais d'un aspect gracieux. Deux petites ailes se rattachent au-dessous du menton.

Diam., 9 centimètres.

113. — Espèce de passoire ronde, ornée d'un manche cannelé. Le manche est rattaché à la passoire par une belle tête de vieillard, dont la longue barbe, se partageant en deux tresses, fait le tour du manche et se noue du côté opposé.

Ce vase a été cuit en deux morceaux, et le manche a été rajusté après. Trouvé à Corneto.

Diam., 15 centimètres.

114. — Coupe profonde, sans anses, couverte d'un émail noir sans éclat. Ornements en relief, formant des caissons. Des vases semblables ont été trouvés dans l'île de Samos (1).

Haut., 8 centimètres.

(1) Voyez *Bull. de l'Inst. arch.*, 1830, p. 194.

115. — F. 18. (*OEnochoé*). La panse est à côtes, et en bas de l'anse est une tête de femme en relief.

Haut., 20 centimètres.

116. — F. 24. (*OEnochoé*). La panse est à côtes. Au-dessous de l'anse, on voit une tête de *Méduse*, les cheveux épars, d'un aspect gracieux.

Haut., 17 centimètres.

117. — F. 18. (*OEnochoé*). Au-dessous de l'anse, une tête de femme en relief.

Haut., 17 centimètres.

118. — Lampe noire en forme de tête de nègre, qui ouvre la bouche, dans laquelle est placée l'ouverture pour le lumignon. Sous le pied un monogramme.

Long., 16 centimètres.

119. — Tasse profonde, au fond de laquelle on voit un crabe qui est sur le point de saisir une grenouille placée entre ses pinces. Couverte noire.

Ce vase est de fabrique romaine; pourtant il a été trouvé a Vulci (1).

Diam., 17 centimètres.

(1) Voyez la description de vases analogues dans mon *Cat. Durand*, n°s 1432-1434. M. Gerhard (*Archäologisches Intelligenzblatt der allgemeinen Literatur Zeitung*, Halle, Julius 1836, S. 339) fait remarquer que ces sortes de vases se trouvent dans les tombeaux de Vulci et de Cære avec les vases peints; toutefois, ils appartiennent positivement à un art postérieur.

7. VASES ÉTRUSQUES, A RELIEFS.

120. — F. 39. La panse présente des ornements tracés à la pointe, des espèces de fleurs et des oiseaux.

Haut., 17 centimètres.

121. — F. 36. (*OEnochoé*). L'anse est décorée d'une figure de femme, vêtue, vue de face, et tenant de chaque main, par les pattes de devant, une panthère. Sur la panse, on voit deux sujets qui se répètent alternativement. Dans le premier, un personnage, assis sur un trône et tenant un sceptre, reçoit les hommages d'un archer et de deux femmes. Sous le trône est placé un oiseau du genre échassier. Le second sujet montre un personnage assis sur un ocladias; il lève les deux mains, et reçoit les hommages d'une femme qui tient une bandelette, et d'un homme barbu portant une lance; ce dernier tient par la main une femme qu'il semble vouloir conduire auprès du personnage assis. Derrière le

trône, se tiennent debout deux doryphores. Ces groupes se répètent alternativement cinq fois (1).

Haut., 18 centimètres.

(1) Ces processions sont ordinairement des cérémonies funèbres célébrées pour apaiser les dieux infernaux.

122. — Grand vase étrusque en terre noire, à deux anses. La panse est à côtes, et au milieu de chaque côté est un ornement en creux en forme de flots. Plus haut, règne tout à l'entour du vase, et au-dessus des anses, une frise qui représente huit quadrupèdes tracés en creux. Il est probable qu'une espèce de stuc ou de mastic d'une couleur vive remplissait ces creux.

Trouvé à Tarquinies.

Haut., 38 centimètres.

123. — Vase à deux anses ornées de femmes qui tiennent des panthères. Sur la panse, sept oiseaux couchés qui retournent la tête en arrière.

Haut., 16 centimètres.

124. — F. 40. (*OEnochoé*). Sept sphinx. Sur l'anse une figure d'homme.

Haut., 30 centimètres.

125. — F. 40. (*OEnochoé*). Trois lions. Sous le pied, **A**.

Haut., 32 centimètres.

126. — F. 17. (*Cyathis*). Sur l'anse, une femme vue de face et tenant par les pattes deux animaux, peut-être des chiens. A l'extérieur, sur le bord du

vase, sont des ornements imprimés. Ce sujet peut avoir rapport à *Hécate* (1).

Haut., 18 centimètres.

(1) Paciaudi, *Mon. Pelopon.*, II, p. 188.

127. — F. 17. (*Cyathis*). Sur l'anse on voit une figure de femme, de face, tenant dans chaque main un animal, peut-être un chien (1); au-dessus de cette femme est une tête de face.

Sur la panse, qui est enrichie de godrons, sont quatre têtes de femme, de face.

Haut., 18 centimètres.

(1) Si l'animal est un chien, la déesse que nous voyons représentée sur ce vase serait une *Hécate*. Cf. Paciaudi, *loc. cit.*

128. — *Rhyton*, offrant en relief la partie antérieure d'un cheval.

Haut., 12 centimètres.

129. — Tasse profonde, sans anses et enduite d'un émail noir. Au fond, des rosaces imprimées et une guirlande de feuillage peinte en jaune et en blanc. On y lit aussi, en grandes lettres tracées avec les mêmes couleurs : **AECETIAI POCOLOM**, *la coupe d'Æcetius* (1).

Diam., 13 centimètres.

(1) Cf. la coupe du Musée de Berlin avec l'inscription : *Volcani pocolom*. Gerhard, *Berlin's ant. Bildwerke*, n° 909. Les caractères de la coupe que nous décrivons ont la même forme que ceux de la coupe de Berlin. Cf. Levezow, *Gallerie der Vasen*, Taf. VI, n° 909.

8. POTERIE ROMAINE.

130. — Petit vase en terre rouge, sans anses, avec ornements en relief.

131. — Deux fragments de vases en terre rouge. Le premier représente en relief un jeune satyre, nu, qui porte une outre sur ses épaules. Près de lui est un arbre, au-dessous duquel on lit : ...ERDO.

Le second fragment montre un ornement en creux, avec un petit arbre en relief, et les lettres HILO. L. TI. TI., également en relief.

132. — Moule en terre rouge, destiné à faire des vases avec sujets en relief. Celui-ci offre des arbres et l'inscription : VICTORINVS, nom du fabricant.

Diam., 17 centimètres.

II. VERRES ANTIQUES.

133. — Blanc. — Urne cinéraire sans anses.

Haut., 21 centimètres.

134. — Blanc. — Deux urnes sans anses.

Haut., 18 centimètres.

135. — Blanc. — Deux urnes sans anses. L'une est remplie d'ossements à moitié brûlés.

Haut., 15 centimètres.

136. — Blanc verdâtre. — Une grande et belle urne cinéraire, avec son couvercle. Ce vase, d'un verre fort épais et d'une conservation parfaite, est du petit nombre des grandes urnes qu'on trouve dans les tombeaux romains en Italie. Il a été découvert dans un columbarium des affranchis de la maison d'Auguste, près de la porte Latine, à Rome. Au moment de sa découverte, il était encore rempli de cendres que les ouvriers jetèrent avec les décombres.

Haut., 39 centimètres, y compris le couvercle.

137. — Blanc. — Petit vase rond sans pied et à deux anses, f. 45.

Haut., 7 centimètres.

138. — Une petite ampule en verre bleu, trouvée dans un tombeau à Palestrine.

Haut., 6 centimètres.

139. — Blanc. — Quatre ampules de formes variées. L'une avec des cannelures.

140. — Blanc. — Espèce de bouteille avec une anse, trouvée dans les environs de Rome.

Haut., 11 centimètres.

141. — *Lécythus* (F. 42), à trois couleurs : noir, jaune et bleu clair. Ce vase contient encore des restes du parfum qu'il était destiné à renfermer.

Haut., 11 centimètres.

142. — *Lécythus* (F. 41), à quatre couleurs : bleu, jaune, blanc et vert. Le couronnement forme une espèce de chapiteau cannelé, ressemblant aux chapiteaux des monuments égyptiens.

Haut., 8 centimètres.

143. — *Lécythus* (F. 42). Fond blanc laiteux, avec ornements violets, disposés en chevrons et filets (1).

Haut., 8 centimètres.

(1) Décrit dans mon *Cat. Durand*, n° 1536.

144. — *Lécythus* (F. 42). Fond bleu clair, à filets et ornements en forme de chevrons blancs (1).

Haut., 12 centimètres.

(1) Décrit dans mon *Cat. Durand*, n° 1539.

145. — Coupe profonde sans anses. Fond vert et bleu, avec ornements blancs opaques et transparents. Trouvée dans une tombe à Tarquinies.

Diam., 13 centimètres.

146. — Espèce d'*œnochoé* (F. 11), avec un petit pied. Fond bleu à ornements jaunes et blancs.

Haut., 14 centimètres.

147. — Vase (F. 43). Ornements verts, bleus, jaunes et blancs.

Haut., 7 centimètres.

148. — Petit vase se rapprochant de la forme du cratère (F. 10). Fond bleu, à ornements jaunes, blancs et verts.

Haut., 9 centimètres.

149. — Vase de la même forme, avec des ornements à peu près pareils et offrant les mêmes couleurs. Ce vase a été trouvé dans la province d'Arsinoé, en Égypte.

Haut., 5 centimètres.

150. — *Lécythus* (F. 42). Fond bleu, avec ornements blancs.

Haut., 13 centimètres.

151. — *Lécythus* (F. 44), bleu, à filets blancs autour du col. Il contient des restes de parfum ou de baume.

Haut., 10 centimètres.

152. — Petit vase (F. 45). Fond bleu foncé, à ornements jaunes et bleus d'une teinte claire.

Haut., 6 centimètres.

153. — Petit vase en verre bleu, à ornements blancs, verts et jaunes. L'anse est fracturée.

Haut., 11 centimètres.

154. — *OEnochoé* (F. 18) bleue, avec ornements jaunes et bleus d'une teinte claire (1).

Haut., 15 centimètres.

(1) Décrit dans mon *Cat. Durand*, n° 1522.

155. — *OEnochoé* (F. 18) bleue, avec ornements en forme de chevrons jaunes et bleus d'une teinte claire. Trouvée à Vulci.

Haut., 10 centimètres.

156. — *OEnochoé* (F. 18), à fond bleu, avec ornements en forme de chevrons jaunes et bleus d'une teinte claire.

Trouvée à Palestrine.

Haut., 7 centimètres.

157. — *OEnochoé* (F. 18) avec ornements de couleur jaune et blanche. L'anse est fracturée. Trouvée à Bomarzo.

Haut., 10 centimètres.

158. — Fragment de vase en verre blanc irisé, de manière que la couleur produit l'effet de l'opale. Ce vase était à côtes. Au fond, entre deux couches de verre, sont tracés les mots suivants en lettres d'or :

IVNIO
SVPERSTI
TIVITA

Diam., 4 centimètres.

159. — Petit vase en verre, enveloppé dans une légère feuille d'argent et garni d'un double couvercle du même métal. A l'extérieur, la feuille d'argent est estampée et l'on y voit deux biges en course, allusion aux jeux du cirque. L'un des deux auriges a de petites ailes rattachées au dos. Ces ailes, qui désignent la rapidité de la course, indiquent probablement le vainqueur. Le fond de la scène est doré. L'intérieur de ce petit vase est garni

également en argent; il renfermait, lors de sa découverte, des cheveux ou des poils.

On sait que, chez les anciens, les jeunes gens consacraient aux dieux une partie de leur chevelure ou leur première barbe. Ces poils étaient renfermés dans de petites boîtes en or ou en argent (1).

Ce petit monument, d'une grande rareté, a été trouvé, en 1832, dans un tombeau, près la porte Salara, à Rome.

Haut., 7 centimètres.

(1) Publié. Raoul Rochette, *Mémoires sur les antiquités chrétiennes*, pl. VIII, 5 et 5ª. Voyez la description de ce monument et les passages classiques relatifs à l'usage de la consécration de la barbe, dans l'ouvrage cité, p. 134 et suiv.

160. — Pâte de verre irisé, fond violet, à relief blanc mat. Buste de *Coré-Sotira*, couronnée d'épis.

161. — Pâte vitreuse. Bleu opaque. Une *bacchante* tenant un thyrse et un canthare. Figure fragmentée, de très-beau style.

162. — Pâte vitreuse jaune. L'*Aurore* ou bien *Hélius* sur un quadrige à droite. Une draperie, enflée par le vent, et qui s'élève au-dessus de sa tête, l'entoure d'une espèce de nimbe. Du reste, la déesse est nue jusqu'à la ceinture.

Trouvée à Velletri.

163. — Pâtes de verre. Bleu et jaune. Deux masques de *Méduse*. Le plus grand est fragmenté (1).

(1) Voyez mon *Cat. Durand*, n° 1545.

164. — Pâte de verre irisé. *Hyllus* venant de couper la tête à *Eurysthée*. Le héros est nu et im-

berbe. Un casque et un bouclier sont ses seules armes. Il pose le pied sur le corps d'*Eurysthée* et tient de la main gauche la tête qu'il regarde (1).

(1) Cf. le *Cat. Durand*, n° 2200. Ce sujet pourrait aussi représenter *Diomède* et *Dolon*. Voyez mon *Cat. Durand*, n° 1545.

165. — Pâte vitreuse. Blanc opaque. Tête de *Méduse*.

166. — Pâte vitreuse bleue. *Cybèle* assise entre deux lions. La tête manque.

167. — Pâte vitreuse. Blanc opaque sur fond violet. Buste de *Silène* barbu, couronné de lierre. Cette tête est exécutée de relief dans le creux (1).

(1) *Bull. de l'Inst. arch.*, 1834, p. 125; Empreintes, *Centurie*, IV, 40.

168. — Pâte vitreuse jaune. Le *Capricorne* placé sur une galère.

169. — Pâte vitreuse, de couleur verdâtre. Le *Poisson*, emblème du *Christ*.

170. — Coquille double en cristal de roche, trouvée, en 1830, dans un columbarium, près de la porte Latine, à Rome.

171. — Plusieurs petites têtes et mascarons en verre de diverses couleurs. Une tête de *Jupiter-Ammon* imberbe, à cornes de bélier. Plusieurs masques comiques. Autres pâtes représentant des animaux. Un oiseau diapré de diverses couleurs; la tête manque.

172. — Une collection de fragments de pâtes de verre, offrant des échantillons de dessins très-variés et d'une grande richesse de couleurs. Cette collection, choisie avec beaucoup de goût, est remarquable par les morceaux rares qu'elle renferme. Ces fragments proviennent, les uns de vases, les autres de plaques qui s'incrustaient dans les murs pour décorer l'intérieur des habitations.

173. — Perles, en pâte de verre, de couleurs diverses.

III. TERRES CUITES.

1. VASES.

174. — Vase à deux anses, avec ornements imprimés en creux.

Haut., 8 centimètres.

175. — Vase en forme de coquille, couvert d'un émail rougeâtre.

Long., 12 centimètres.

176. — Vase en forme de boîte, avec une petite ouverture à l'endroit où devrait être le couvercle.

Haut., 8 centimètres.

177. — Fragment du bord d'un grand vase, orné de dessins en très-bas relief. Dans la partie intérieure, on voit une course à cheval. Sur le rebord, à l'extérieur, est représentée une chasse au sanglier et au cerf. Trois éphèbes et un homme barbu attaquent le sanglier, sous lequel on voit un chien. Un cerf et une biche accourent derrière l'homme barbu. Ce sujet se répétait plusieurs fois autour de l'embouchure du vase. L'exécution de ces bas-reliefs appartient à l'art étrusque; on y trouve une grande ressemblance avec le dessin du

vase connu sous le nom de *Chasse de Thersandre* (1). Ce fragment est d'une épaisseur considérable, ce qui indique un vase d'une très-forte dimension.

Long., 33 centimètres.

(1) Dodwell, *Classical Tour*, II, p. 197.

178. — *OEnochoé* (F. 46). — La panse est enrichie de quatre rangs de bas-reliefs.

1er rang supérieur. Des palmettes et des fleurs.

2e rang. Un sanglier et un lion, un bouc, une panthère, etc. Le cylindre qui a servi à imprimer ces ornements sur l'argile molle, a souvent tracé les animaux les uns par-dessus les autres.

3e et 4e rangs. Encore des animaux, des lions, des sangliers, des boucs et des oiseaux.

Ce vase offre tous les caractères de l'art étrusque.

Haut., 28 centimètres.

179. — *Lécythus* (F. 28), en forme de tête, offrant un masque comique.

Haut., 11 centimètres.

180. — Petit *lécythus*, en forme de phallus, garni de deux anses et offrant une tête de *Priape* en relief.

Haut., 10 centimètres.

181. — *OEnochoé* (F. 18.) — Tête de *Vénus*.

Haut., 18 centimètres.

182. — *OEnochoé* (F. 18). — Tête de *Pan* imberbe et à cornes de bouc.

Haut., 19 centimètres.

183. — *Lécythus* (F. 28) en forme de tête de chien molosse.

Haut., 11 centimètres.

184. — *Rhyton* à embouchure très-large, terminé par une tête d'animal fantastique avec deux cornes. L'extrémité de cette espèce de tête présente un conduit qui est percé.

Haut., 11 centimètres.

185. — *Rhyton*. — Tête de Taureau.

Haut., 17 centimètres.

2. FIGURINES.

186. — *Cérès*, assise sur un trône, la tête couverte du modius et les mains posées sur les genoux. Traces de couleur rouge, dont était enduite cette figurine.

Haut., 23 centimètres.

187. — *Cérès*, assise sur un trône, la tête voilée et les deux mains posées sur les genoux. Traces de couleur blanche et rouge.

Haut., 12 centimètres.

188. — *Cérès*, assise sur un trône, la tête voilée et ornée du polos, les deux mains posées sur les genoux. Traces de couleur blanche, jaune et rouge.

Haut., 14 centimètres.

189. — *Cérès*, assise sur un trône, la tête voilée et coiffée du *tutulus*, et les mains posées sur les genoux. Traces de couleur rouge.

Haut., 11 centimètres.

190. — Deux figurines à peu près semblables. *Cérès*, assise et voilée, dans la pose décrite ci-dessus.

Haut., 11 centimètres.

191. — Deux figurines représentant *Cérès*, assise et voilée. L'une conserve des traces de couleur jaune, blanche et rouge.

Haut., 8 centimètres.

192. — *Cérès*, assise, coiffée du modius et les mains posées sur les genoux.

Haut., 11 centimètres.

193. — *Aphrodite Pherephassa* debout. Sa tête est ornée du polos et voilée. La déesse est revêtue d'une tunique talaire et d'un péplus. Sur sa main droite est posée une colombe; de la gauche, elle relève un bout de son péplus.

Haut., 14 centimètres.

194. — *Vénus* debout. La déesse est diadémée et revêtue d'une tunique blanche et d'un péplus rose. Elle s'appuie du bras droit sur un cippe, de sorte qu'on doit reconnaître dans cette figurine une *Vénus Libitina*. Le diadème était doré et les cheveux coloriés en rouge.

Haut., 31 centimètres.

195. — *Éros* ailé, assis sur une chèvre et croisant les jambes.

Haut., 17 centimètres.

196. — Divinité patæque, à gros ventre, les jambes torses, avec une longue chevelure nattée

qui retombe par derrière sur ses épaules. Les mains sont posées sur le ventre (1).

Haut., 7 centimètres.

(1) Cette figurine, qui ne paraît pas être de travail égyptien, ressemble pourtant beaucoup à celles qui représentent le dieu *Phthah* patæque. Champollion, *Panthéon égyptien*, pl. 8. Cf. sur les divinités *Patæques* ou *Pygmées*, tant chez les Égyptiens que chez les Phéniciens et les Grecs, Ch. Lenormant, *Quæstio cur Plato Aristophanem in convivium induxerit.*

197. — *Sirène*, en forme d'oiseau, à tête humaine diadémée. Ce morceau est plat, et était destiné à être appliqué sur un fond.

Haut., 10 centimètres.

198. — *Sirène*, vue de face et couchée, les pattes d'oiseau repliées sur le ventre; des bras humains étendus et posés sur les ailes; les doigts des mains écartés. Un rang de perles noires et rouges orne le cou. La tête est diadémée. Une tunique courte et à manches recouvre son corps. Un rebord indique l'endroit où finissent les manches, tandis que, sur le corps, la place où la tunique se termine a été indiquée par un large trait noir ondulé. Les plumes des ailes sont coloriées en rouge et noir, en laissant dans les intervalles des espaces de la couleur naturelle de la terre. Le corps est colorié en rouge, le visage en blanc, ainsi que les bras, les mains et les pattes d'oiseau. Un trou, qui traverse le milieu du corps, servait à fixer ce monument sur un fond; par derrière, il est entièrement plat. Une partie de l'aile droite ainsi que la queue sont cassées. Du reste, ce curieux monument, exemple remarquable de la sculpture polychrome, conserve presque partout ses couleurs. Il est de style très-ancien et a été trouvé à Vulci.

Haut., 16 centimètres.

199. — Petit temple distyle d'ordre corinthien. Entre les deux colonnes, on voit une tête d'*Atys* ou d'*Adonis*, couverte du bonnet phrygien. Le sommet du fronton est couronné d'une bélière qui servait à suspendre ce petit monument votif. La partie postérieure du temple est arrondie et figure une porte ouverte, de manière à permettre de voir l'intérieur de cette terre cuite.

Haut., 14 centimètres.

200. — Fragment de tête représentant *Bacchus* tauriforme avec des cornes naissantes. La barbe et les cheveux sont coloriés en noir, et la figure en rouge.

Haut., 9 centimètres.

201. — Tête fragmentée, représentant *Bacchus* taurimorphe. Des traces de couleur existent encore en plusieurs endroits. Les cornes étaient coloriées en rouge. Cette tête, aplatie par derrière, a dû être appliquée contre un mur.

Ce monument a été trouvé à Canino.

Haut., 22 centimètres.

202. — Tête de *bacchante* couronnée de lierre. Les chairs sont peintes en blanc, les traits de la figure tracés en brun, et les feuilles de lierre coloriées en violet.

Haut., 4 centimètres.

203. — *Satyre* ithyphallique accroupi.

Haut., 8 centimètres.

204. — Hermès ithyphallique de *Priape*. Trouvé à Milo.

Haut., 17 centimètres.

205. — *Nicé*, revêtue d'une tunique talaire et couronnée de roses. Deux grandes ailes coloriées en bleu se rattachent à ses épaules. Le bras droit est cassé (1).

Haut., 19 centimètres.

(1) Décrit dans mon *Cat. Durand*, n° 1682.

206. — Un homme et une femme drapés dans le costume romain et se donnant le bras.

Haut., 8 centimètres.

207. — Jeune fille assise. Traces de couleur bleue et blanche.

Haut., 10 centimètres.

208. — Une balerine vêtue d'une tunique talaire et d'un péplus qui laisse le sein droit à découvert. Elle lève les deux bras et retourne la tête en arrière. La tunique est coloriée en rouge (1).

Haut., 19 centimètres.

(1) Décrit dans le *Cat. Durand*, n° 1701.

209. — Terre cuite de travail étrusque, en forme de *momie*, le corps étroitement enveloppé et la tête voilée. Le visage, qui seul est à découvert, était peint en rouge. Cette figurine paraît avoir longtemps séjourné dans la mer : une croûte saline la couvre en plusieurs endroits.

Haut., 39 centimètres.

210. — Acteur couché, vêtu d'une tunique courte à manches, et portant la main droite à sa bouche. Son bras gauche s'appuie sur une outre ; une draperie descend de son épaule gauche. Une

couronne de pâte, un masque grotesque et un lécythus qu'il tient dans la main gauche, complètent ses attributs. Des sandales chaussent ses pieds. Cette figure, qui provient de Centuripæ, forme un vase garni d'une anse (1).

Haut., 19 centimètres. — Long., 22 centimètres.

(1) Décrit dans mon *Cat. Durand*, n° 1691.

211. — Masque scénique, offrant une figure de *satyre* ou de *Pan*, avec cornes naissantes. Ce masque a été trouvé suspendu dans une tombe romaine.

Haut., 14 centimètres.

212. — Masque tragique, offrant une figure de femme pleurant. Elle est coiffée d'une espèce de sphendoné.

Haut., 12 centimètres.

213. — Masque de femme, la tête diadémée, probablement *Junon*. Elle est ornée de boucles d'oreille; les cheveux sont enduits d'une couleur rougeâtre.

Haut., 11 centimètres.

214. — Masque de *nègre*, les oreilles ornées de boucles. Les cheveux crépus, les yeux enfoncés, le nez épaté, les lèvres épaisses, caractérisent bien la nature de la race noire. Les cheveux étaient coloriés en rouge.

Haut., 12 centimètres.

215. — Masque de jeune *satyre*, avec cornes naissantes au front.

Haut., 13 centimètres.

216. — Masque de *Silène* barbu, orné d'une couronne de pâte.

Haut., 12 centimètres.

217. — Masque de *satyre* ou de *Pan*, avec cornes naissantes au front. Une bandelette retombe de cette couronne au milieu du front. La figure est peinte en rouge; les yeux, les boucles d'oreille, les feuilles de la couronne, en bleu; la bandelette et les cornes, en violet. Trouvé à Corneto.

Haut., 13 centimètres.

218. — Masque comique, représentant un vieillard. Les joues creuses et les rides donnent à ce masque une expression grotesque. Le visage est colorié en blanc.

Haut., 10 centimètres.

219. — Masque de femme. Les oreilles sont ornées de pendants. Deux rosaces placées aux tempes fixent la large bandelette entremêlée de grappes de raisin, qui sert de parure à ce masque de *bacchante*.

Haut., 12 centimètres.

220. — Masque tragique. Les cheveux et la barbe coloriés en rouge, et les chairs en blanc.

Haut., 9 centimètres.

221. — Masque de *Silène*, barbu et couronné de lierre, avec une large bandelette qui retombe sur le front.

Haut., 14 centimètres.

222. — Masque de *satyre* colorié en rouge, les

cheveux en désordre, et des cornes naissantes au front. Sur le derrière de la tête, on lit en caractères imprimés en creux : Α . . . . . (ici il y a un morceau d'enlevé); au dessous : Θ . . . ΟΠ. ΥΙΟΥ (ces derniers caractères sont en relief).

Haut., 8 centimètres.

223. — Cochon colorié en rose. Ce petit monument renferme à l'intérieur un caillou qui forme un bruit quand on le remue (1).

Haut., 7 centimètres.

(1) Cf. dans le *Cat. Durand*, n°s 1660 et 1661, ce que nous avons dit sur les petits cochons (ὀρθαγόρισκοι) offerts en sacrifice pour le rachat des enfants. Cf. *supra*, n° 105, p. 73, le jouet d'enfant en forme de canard.

224. — Un *sphinx* accroupi, avec des ailes recoquillées, et coiffé du modius (1).

Haut., 18 centimètres.

(1) Décrit dans mon *Cat. Durand*, n° 1712.

225. — Petite tortue, trouvée en Sicile. Traces de couleur blanche.

Long., 6 centimètres.

226. — Un coing.

3. BAS-RELIEFS.

227. — Bas-relief ayant fait partie d'une frise. On y voit trois hoplites; celui qui est placé au milieu a un bouclier orné d'un foudre. Le premier à gauche, debout sur une espèce de marche, saisit

par le cimier de son casque un petit éphèbe qui se couvre de son bouclier et semble vouloir s'enfuir, tandis que son ennemi le menace de son épée. On peut reconnaître dans ce sujet la mort du jeune *Troïlus*, qui va périr sous les coups de *Pyrrhus* (1).

Long., 33 centimètres.

(1) Cf. mon *Cat. étrusque*, n° 143.

228. — Bas-relief représentant deux griffons qui attaquent un cheval. Au-dessous on lit : ΣΙΜΟΣ-ΚΙΑΠΙΝΕ, *Zimoscia bois* (1)!

Cadre en bois d'acajou.

Long., 19 centimètres.

(1) La forme de ce nom, probablement de femme, est très-extraordinaire.

229. — Antéfixe. — Tête d'*Hercule* barbu, couvert de la peau de lion. Le muffle forme la coiffure, et les deux pattes de devant se nouent au-dessous du menton. Traces de couleur rouge.

Haut., 19 centimètres.

230. — Petite antéfixe de forme ronde, ornée d'un masque tragique de femme. Les cheveux sont bouclés sur les côtés et retombent en nattes sur les oreilles. Le cécryphale orne le front et couvre toute la tête.

Diam., 14 centimètres.

231. — Antéfixe. — Au milieu d'une espèce de coquille, on voit une tête de *Silène* barbu, ornée du diadème entrelacé de lierre et de corymbes.

La coquille, au centre de laquelle se détache ce buste, est enrichie de cinq palmettes. Entre chaque palmette est une fleur épanouie. Tous ces ornements sont coloriés en bleu et en rouge. Les chairs du *Silène* conservent également une teinte rougeâtre.

Ce beau monument, en terre cuite, a été trouvé en Sicile.

Haut., 28 centimètres.

232. — Antéfixe. — Au milieu d'une espèce de coquille est une tête de femme, de face, ornée d'un diadème. La coquille est peinte en blanc, en rouge et en noir. Les mêmes couleurs sont employées pour les chairs, le diadème et les parures.

Haut., 28 centimètres.

233. — Mascaron représentant une tête de *satyre*. Traces de couleurs blanche, rouge et bleue.

Haut., 6 centimètres.

4. LAMPES.

234. — Lampe à deux becs. — *Jupiter* barbu, placé sur un aigle éployé qui tient le foudre dans ses serres. Un sceptre est dans la main gauche du dieu. L'anse, en forme de croissant, montre en relief les lettres SEL.

235. — Lampe à un bec. — Le même sujet. Inscription : CATILTRO.

236. — Lampe. — Buste radié du *Soleil*, posé au-dessus du croissant de la *Lune*; de chaque côté, une étoile, allusion aux Dioscures.

237. — Lampe. — Un homme nu, accroupi et

vu de face. A gauche une draperie. Les autres détails sont très-effacés.

238. — Lampe. — *Éros*, debout, se retournant à droite et pleurant; à gauche, un autel. Un arbre, auquel l'*Amour* semble être attaché, ombrage ce petit sujet.

239. — Lampe. — *Satyre* ivre, dansant, la tête renversée en arrière, le bras gauche couvert d'une peau de panthère, et dans la main droite un thyrse. Inscription : AↃ.

240. — Lampe. — Une cabane placée sur le tronc d'un arbre; sur le toit, un coq; à l'entrée de la cabane, est assis un berger qui joue de la flûte; une femme descend, en se laissant couler, le long de l'arbre, au moyen d'une corde; à côté, deux lièvres qui courent. Ce sujet, traité en relief très-peu saillant, est entouré d'une bordure composée de dauphins.

241. — Lampe. — Enfant, tenant une pyxis. De chaque côté, une grappe de raisin.

242. — Lampe. — La *Victoire*, tenant une palme et une couronne, et posant le pied sur une fleur. Inscription : CLO.

243. — Petite lampe à deux becs, montée sur un pied, qui est décoré de la figure de la *Victoire*. La déesse tient de la main gauche un trophée qu'elle lève au-dessus de sa tête, en le soutenant de la main droite.

Haut., 18 centimètres.

244. — Petite lampe à deux becs, montée sur un pied, qui offre la même figure de la *Victoire*.

Haut., 18 centimètres.

245. — Petite lampe, montée sur un pied, sur lequel est représentée la figure de *Minerve* casquée, revêtue d'une double tunique et armée d'une lance et d'un bouclier rond.

Haut., 18 centimètres.

246. — Petite lampe, montée sur un pied décoré de la figure de *Vénus*, nue jusqu'à la ceinture et portant la main droite à son sein. Une draperie, qu'elle retient de la main gauche, couvre ses jambes.

Haut., 18 centimètres.

247. — Lampe. — Buste de l'*Afrique* personnifiée, la tête couverte d'une peau d'éléphant. Inscription : **KOLIVS II.**

248. — Lampe. — *Isis*, tenant la corne d'abondance, placée entre *Anubis* à tête de schacal, et *Harpocrate*.

249. — Lampe. — Sa forme est celle d'une tête de *Pan* barbu. Des cornes naissantes de bouc s'élèvent sur son front, au milieu duquel est un trou qui servait à introduire l'huile. Des feuilles de lierre couronnent cette tête. L'anse remplace une des oreilles. Le bouton, qui ferme l'ouverture, est moderne.

Long., 12 centimètres.

250. — Lampe. — Combat de deux gladiateurs. Inscription effacée.

251. — Lampe. — Un *tibicine* assis, jouant de la flûte droite et de la flûte recourbée, et un danseur qui lève les bras au-dessus de la tête. Inscription : CAESAE.

252. — Lampe. — Combat de deux gladiateurs; l'un est renversé.

253. — Trois lampes. — On y voit des gladiateurs dans des poses variées.

254. — Lampe. — Deux enfants qui sautent.

255. — Lampe. — Pêcheur assis sur un rocher, et tenant, attaché à sa ligne, un poisson; un panier est suspendu à son bras gauche.

256. — Lampe noire.

257. — Lampe. — Un masque scénique. Inscription : FORTIS.

258. — Lampe. — Un guerrier nu, armé d'un casque, d'une lance et d'une épée, couronné par la *Victoire* aptère qui tient une palme. Celle-ci est nue jusqu'à la ceinture et a le bas du corps enveloppé d'un péplus, comme les statues de Vénus. Inscription : SAECVL.

259. — Deux lampes, ornées de palmettes et de couronnes.

260. — Deux lampes. — Sujets obscènes. L'une représente un singe et un éphèbe ithyphallique; l'autre, un homme et une femme. Inscription : ILO.

261. — Trois lampes de formes variées et à ornements. Sur l'une, on voit une grenouille.

262. — Lampe. — Un loup et une louve.

263. — Lampe en forme de pied chaussé d'une sandale.

Long., 14 centimètres.

264. — Lampe. — Dans le fond, on voit, à travers l'ouverture qui servait à introduire l'huile, un masque comique.

Long., 13 centimètres.

265. — Lampe, en forme de barque, ornée d'un sujet en haut-relief, représentant un homme et une femme, couchés et entièrement nus, dans une pose très-obscène.

Trouvée à Vulci.

Long., 13 centimètres.

266. — Lampe à six becs. — Monstre obscène, dont la tête est remplacée par un énorme phallus. La queue se termine aussi par un phallus.

A l'entour, on lit une inscription très-effacée; on distingue encore les mots : VILLIS CALVE. I.... OPIG..... B... AN... L'anse, qui est rapportée, mais antique, est ornée de deux dauphins et d'une palmette.

267. — Lampe. — Double phallus ailé. Une de ses extrémités est serrée par les pinces d'un crabe. Inscription : COR.

268. — Deux lampes. — Un buste d'homme à droite; un grand nombre de caractères alphabé-

tiques disposés irrégulièrement. Ces deux lampes appartiennent à l'époque de la décadence de l'art. Il est probable que celle qui offre les caractères alphabétiques, irrégulièrement disposés sur le disque, est une lampe gnostique.

269. — Quatre lampes. — Un ours : C. OPPI. RES ; une biche ; l'anse est en forme de croissant; un sanglier percé d'une flèche; un dauphin.

270. — Quatre lampes, décorées de guirlandes de pampres et d'autres ornements. Inscriptions : SAECVL; LASAYCV; TAELCHA.

271. — Trois lampes. — Sur l'une, un flambeau allumé. Inscription : NECIRI, et un monogramme.

272. — Trois lampes. — La première, en forme de grenouille; la seconde, ornée d'un cheval en course; la troisième, décorée d'un buste d'enfant, de face.

273. — Deux lampes, avec des ornements. — Inscription : COEFID.

274. — Lampe à deux becs. — Sur l'anse, une palmette; au-dessous, deux coqs.

Long., 17 centimètres.

275. — Lampe à quatre becs. — Sur l'anse, des feuillages.

Long., 17 centimètres.

276. — Deux lampes. — L'une décorée d'un masque tragique; l'autre, d'un dauphin attaqué par un chien. Inscription : STROBILI.

277. — Cinq petites lampes; une est ornée d'une couronne d'olivier; une autre, en terre noire, vient d'Égypte. Inscription : C. OPPFRR.

278. — Lampe à six becs. — L'anse est ornée d'une palmette.

Long., 17 centimètres.

279. — Quatre petites lampes, variées de forme. Inscription : LP. M. Une de ces lampes a été trouvée dans le tombeau d'un enfant.

280. — Petite lampe en forme de tête de génisse. L'anse présente la forme d'un croissant.

Trouvée dans le tombeau d'un enfant, près de la porte Salara, à Rome (1).

(1) Cf. la charmante lampe consacrée à *Artémis Tauropole*. Passeri, *Lucern.*, I, tab. XCVIIII; Millin, *Galer. myth.*, XXIV, 120. Cf. mon *Cat. Durand*, n° 1782.

281. — Lampe. — L'intérieur est taillé à côtes. L'anse est formée par des feuillages et une fleur à trois pétales, du centre de laquelle sort une tête de cheval d'un beau travail.

Long., 17 centimètres.

282. — Lampe chrétienne, ornée du monogramme du *Christ*.

283. — Deux lampes. — Un loup; une colombe qui tient dans son bec une branche. Ces deux lampes paraissent être chrétiennes.

5. URNES ÉTRUSQUES.

284. — Tête ayant servi de couvercle à un *canope* étrusque. Les oreilles sont percées pour recevoir des pendants. Une ouverture existe sur le sommet de la tête (1).

Haut., 21 centimètres.

(1) Ces têtes offrent le portrait du défunt dont les cendres étaient renfermées dans le vase. Voyez Micali, *Storia degli ant. pop. ital.*, t. III, p. 7-9, et mon *Cat. Durand*, n° 1817.

285. — Urne cinéraire. — Le bas-relief représente un combat auquel prennent part quatre personnages. Trois attaquent un homme nu, vêtu seulement d'une draperie nouée autour des reins; il combat avec un soc de charrue. Un de ses adversaires est renversé à ses pieds. Une *Érinnys*, tenant un flambeau à la main, assiste à ce combat. Elle est ailée, vêtue d'une tunique courte, et chaussée de bottines. On doit reconnaître, dans cette scène, le héros *Échetlus*, qui, à la bataille de Marathon (1), vint au secours des Grecs.

Sur le couvercle, est représentée une figure de femme, couchée, enveloppée dans son péplus et tenant une phiale.

Haut., y compris la figure du couvercle, 75 cent. — Long., 53 cent.

(1) Voyez Winckelmann, *Mon. ined.*, p. 105 de la dernière édition. Cf. mon *Cat. Durand*, n° 1819.

286. — Bas-relief ayant appartenu à une urne. Combat du héros *Échetlus* contre trois guerriers. L'un, qui est barbu, est renversé sur les genoux.

Tous trois combattent avec l'épée, tandis qu'*Échetlus*, nu et seulement vêtu d'une draperie nouée autour des reins, renverse son antagoniste avec un soc de charrue. Les trois guerriers combattent avec l'épée; tous trois ont des boucliers argiens.

Les couleurs jaune, rouge et bleue, qui décoraient ce bas-relief, ont, en grande partie, conservé leur éclat.

Long., 32 centimètres.

IV. MATIÈRES DURES.

287. — Marbre pentélique. — Tête de *Diane* de travail grec. Deux longues tresses de cheveux tombent sur les épaules de la déesse; un diadème entoure son front.

Haut., 28 centimètres.

288. — Marbre pentélique. — Tête d'*Apollon* de travail grec. Ses cheveux longs forment trois rangs de boucles sur le front; une couronne de laurier caractérise *Apollon*.

Ces deux morceaux formaient primitivement un double hermès; ils furent sciés par ordre du possesseur feu Ed. Dodwell.

Haut., 28 centimètres.

289. — Marbre jaune antique. — Tête représentant *Bacchus Indien*. Les yeux étaient probablement incrustés de marbre noir ou de métal.

Il n'y a d'antique dans ce monument que le masque. Le reste appartient à une restauration moderne.

Haut., 14 centimètres.

290. — Marbre de Paros. — Buste attribué à *Marcellus* enfant, de grandeur naturelle et d'un beau travail.

Haut., avec le piédouche, 47 centimètres.

291. — Buste d'empereur. La tête est en albâtre oriental, et le buste en prisme d'améthyste. Piédouche en marbre noir.

Haut. du buste, avec la tête, 25 centimètres.

292. — Plaque de marbre *palombino* de forme hexagone, avec sujet légèrement sculpté en creux. *Cybèle*, assise sur un trône et vêtue d'une tunique talaire et d'un péplus, est couronnée de tours; un nimbe entoure sa tête, qui est voilée. La déesse pose la main gauche sur le tympanum. A la partie la plus élevée du dossier du trône, on remarque un buste de la Mère des Dieux. A côté de la déesse assise, est un lion accroupi, et derrière le trône on voit une jeune fille, la tête entourée d'un nimbe et agitant des crotales. Le nom d'*Ia* (1) semble pouvoir convenir à cette jeune fille, à moins qu'on ne reconnaisse en elle une *Amazone* ou bien une des prêtresses de la Mère des Dieux, une *Melissa* (2). Dans le fond de la scène est un grand pin, et, tout auprès, deux *Corybantes*. Le premier lève son bouclier au-dessus de sa tête; il tient de la main droite une épée nue. Le costume des deux *Corybantes* consiste en un casque, une tunique courte et des bottines. Le second se tient près d'*Atys*, et semble soutenir le jeune berger en levant son bouclier au-dessus de sa tête. *Atys*, assis sur le rocher *Agdus*, est vêtu d'anaxyrides et coiffé du bonnet phrygien. Il tient la syrinx et détourne la tête penchée; en proie à la douleur, il semble au moment d'expirer, après s'être mutilé. Des crotales, un pédum et des flûtes, sont suspendus au pin, qui est au milieu de cette représentation. Au pied du rocher, et près d'*Atys*, on voit deux béliers couchés, un morceau d'étoffe qui couvre sans doute les parties génitales d'*Atys;* plus

loin, un petit autel allumé, un flambeau renversé, une phiale et une œnochoé.

Long., 22 centimètres.

(1) Arnob. *adv. Gentes*, V, 7 et 16.

(2) Lactant. *Div. Instit.*, I, 22. *Matris antistites Melissæ nuncupantur.*

293. — Marbre blanc. — Philosophe assis et tenant des deux mains un *volumen* déroulé. Ce monument, destiné à être appliqué sur un fond, est du plus beau travail grec. La tête est d'une admirable expression, et offre sans doute un portrait : peut-être celui de *Chrysippe*. Les pieds et une partie du siége sont fragmentés.

Haut., 12 centimètres.

294. — Sardoine. — Fragment de vase, offrant une palmette en relief et une anse sur laquelle est sculptée une tête de *Méduse.*

Long., 6 centimètres.

295. — Albâtre oriental. — Petite *amphore* pointue, sans pied.

Haut., 12 centimètres.

296. — Albâtre oriental. — *Lécythus* (F. 42).

Haut., 7 centimètres.

297. — Onyx. — *Lécythus* (F. 41).

Haut., 6 centimètres.

298. — Albâtre oriental. — *Lécythus* fragmenté (F. 41).

Haut., 15 centimètres.

299. — Agate-Onyx. — *Lécythus* (F. 41).
Haut., 3 centimètres.

300. — Agate. — *Lécythus* (F. 41).
Haut., 2 centimètres.

301. — Albâtre oriental rubanné de la plus grande beauté. — *Lécythus* (F. 42). Le col a été légèrement restauré.

Ce monument a été trouvé à Palestrine.
Haut., 24 centimètres.

V. BRONZES.

1. VASES ET USTENSILES.

302. — Grand plateau creux.

Diam., 38 centimètres.

303. — Vase à une anse (F. 47).

Haut., 12 centimètres.

304. — *Phiale* (F. 37).

Diam., 19 centimètres.

305. — Vase cannelé, garni de deux anneaux auxquels pend une chaîne de fer. Ce métal s'est oxydé de manière que la chaîne est devenue adhérente à la panse du vase. Le fond du vase conserve quelques débris de la toile dont il était enveloppé. Ce vase, qui était probablemeut destiné a contenir des parfums, est à double fond.

Haut., 9 centimètres.

306. — *Patère*, dont le manche est formé par une figurine de femme nue, soutenant des deux mains le disque de la patère. Un collier, un bracelet au bras droit et des souliers forment toute la parure de cette femme.

Trouvée dans les environs de Viterbe.

Diam., 22 centimètres.
Haut. de la figurine, 14 centimètres.

307. — Passoire à manche.

Long., 32 centimètres.

308. — Coupe profonde, munie d'un manche. Le dedans est argenté. De riches ciselures couvrent le manche. On y voit un bouc, près duquel est un autre quadrupède et un coq; au-dessus, une bourse. Plus haut, un casque surmonté d'une chouette; au-dessus, un bélier sur la croupe duquel est posé un pic. Ces symboles font allusion à *Mercure* à *Minerve* et à *Mars*, ou à *Vulcain* (1). Des têtes d'oiseaux, du genre échassier, ornent la partie supérieure de cette anse, aussi bien que celle qui vient se rattacher à la coupe. Près du bélier on lit: **IANVARIS F.** (pour *fecit*), *Januaris a fait.*

Long., 19 centimètres.

(1) D'un côté le *pic* est un oiseau consacré à Mars. Plutarch. *in Romul.* 4; Dionys. Halicarn. *Ant. Rom.* I, 14; Hesych. *v.* Πιπῶ. C'est par cette raison que le *pic* est nommé *Picus Martius.* Cf. la fable italiote de *Picus*, Ovid., *Metam.*, XIV, 320-93; Plutarch., *Quæst. Rom.*, tom. VII, p. 88, ed. Reiske. D'un autre côté la fable éphésienne de Polytechnus changé en pic (Anton. Liberal. XI) indique les rapports de cet oiseau avec Vulcain, le dieu artiste. Cf. Hesych. *v.* Πελεκάν.

309. — *Phiale* (F. 37) à ombilic et ornée de godrons.

Diam., 15 centimètres.

310. — *OEnochoé* (F. 48). Trouvée dans les fouilles d'Herculanum.

Haut., 26 centimètres.

311. — Deux anses. Sur l'une est représenté, en bas-relief, un sanglier qui dévore un loup; l'autre offre une tête de *Méduse*, de l'aspect le plus hideux, avec la langue hors de la bouche.

312. — Double anse avec ornements en spirale, et offrant, aux extrémités et en bas-relief, de chaque côté, un *géant* anguipède barbu, ou bien une divinité dont le corps se termine par deux monstres marins; le *géant* tient avec les mains les têtes de ces monstres, qui s'élèvent à la hauteur de la sienne. Des ailes semblent se rattacher à son dos. Au-dessous, on voit deux yeux (1).

(1) Dans mon *Catalogue étrusque*, n° 217, j'avais décrit la représentation figurée sur cette anse, comme offrant l'image de *Jupiter Pluvius*. Une épaisse croûte de rouille ne permettait pas de distinguer l'action du géant; j'avais pris pour des torrents de pluie les barbes des deux dragons, et ces torrents de pluie semblaient découler des mains du géant qui paraît étrangler les deux monstres.

313. — Anse décorée de deux têtes de cygne. A chaque extrémité un aigle éployé.

314. — Anse de vase ornée d'un lion à sa partie supérieure qui se recourbe. A cet animal se rattache une tige cannelée, au-dessous de laquelle on voit une figurine représentant *Hercule*, qui brandit sa massue de la main droite, tandis que sa main gauche, posée contre son corps, tient un arc. Le héros est imberbe; ses longs cheveux retombent sur son dos; une cuirasse couvre sa poitrine, et la peau de lion est nouée autour de ses hanches, de manière à ce que le muffle vienne couvrir les parties sexuelles. Le héros pose les pieds sur une tête d'*Achéloüs* à cornes de taureau. Ce qui est fort singulier, c'est que cette tête n'a qu'une oreille, celle de droite; l'autre n'ayant jamais existé. Dans les traditions mythologiques, *Hercule* arrache une corne à *Achéloüs*; mais jamais il n'est question des oreilles.

Ce charmant bronze a été trouvé à Chiusi.

Haut., 19 centimètres.

315. — Manche de miroir ou de vase, offrant une tige de palmier, d'où sortent trois têtes de femme à longs cheveux : peut-être la triple *Hécate*, ou bien trois *Muses* ou trois *Grâces*. L'extrémité de cette anse, ou manche, se termine par une tête de cerf.

Long., 14 centimètres.

316. — Deux lampes. L'une est encore garnie de la chaînette qui servait à la suspendre. L'autre a un petit couvercle qui se levait au moyen d'une charnière; ce couvercle fermait l'ouverture par laquelle on mettait l'huile.

Cette dernière lampe a été trouvée en Égypte.

Long., 21 centimètres, et 13 centimètres.

317. — Espèce de bouton, représentant une tête de fleuve *taurimorphe*, de face.

Haut., 3 centimètres.

318. —Tête de panthère, d'un beau style, ayant servi à orner le devant d'un timon de char. Les yeux sont en argent. La langue et les dents sont du même métal, mais elles ont été rapportées par une main moderne. Cette tête est remplie de plomb.

Haut., 4 centimètres.

319. — Deux serpents enlacés l'un à l'autre, et formant un cercle autrefois placé sur un tombeau, découvert hors la porte Latine, à Rome, il y a environ vingt-cinq ans. Ce bronze est d'un beau travail et d'une parfaite conservation.

Diam., 31 centimètres.

320. — Espèce de cercle à nœuds, qui servait aux exercices des athlètes.

Diam., 17 centimètres.

321. — *Cyathus*. Trouvé à Volterra.

Long., 17 centimètres.

322. — Trois *simpulum*. Deux sont garnis aux manches de doubles têtes de cygne; le troisième n'en a qu'une seule.

Trouvés à Bomarzo.

Long. du plus grand, 36 centimètres.

323. — *Cyathus*, dont le manche se termine par une tête de renard. A la partie supérieure de ce manche est rattachée une petite passoire.

Long., 24 centimètres.

324. — Un ustensile garni de neuf espèces de crochets. Un manche s'adapte à cet instrument dont on ignore l'usage.

Long., 33 centimètres.

325. — Deux fibules fragmentées, enrichies d'émaux bleus et verts. L'une offre la forme d'un monstre marin.

326. — Autre fibule fort simple.

327. — Un beau strigile parfaitement conservé. Sur le manche on distingue quelques lettres qui paraissent former le mot PHILAR; au-dessous, est une tête humaine, de profil.

Long., 19 centimètres.

328. — Un strigile très-bien conservé. Il a été trouvé dans les ruines des Thermes de Caracalla, à Rome.

Long., 20 centimètres.

329. — Un stylet pour écrire. A l'une des extrémités est une main ouverte qui servait à étendre la cire sur les tablettes et à effacer l'écriture, et à l'autre une pointe destinée à tracer les lettres.

Long., 25 centimètres.

330. — Deux instruments, tout à fait semblables, plats à une extrémité et arrondis à l'autre. Ces deux objets ont peut-être servi d'instruments de chirurgie.

Long., 15 centimètres.

331. — Deux autres petits instruments, coupant d'un côté.

Long., 11 centimètres.

332. — Armille très-pesante.

Diam., 9 centimètres.

333. — Un rond, formé de plusieurs enroulements, d'une lame de bronze élastique. Ce bronze a dû servir au harnachement d'un cheval.

Diam., 11 centimètres.

334. — Cachet romain, sur lequel sont gravées en relief les trois lettres : C. T. V. *Caïus Tatius Victor*, ou tel autre nom qu'on voudra.

Long., 4 centimètres.

335. — Clef.

Long., 8 centimètres.

336. — Espèce de hachette de forme ronde, munie d'un petit manche. Belle patine. Trouvée hors de la porte Pia, à Rome.

Long., 10 centimètres.

337. — Espèce de hache.

Long., 18 centimètres.

338. — Hache enrichie d'ornements ; sur la douille, qui servait à la fixer au manche, on voit deux lettres étrusques ΓΗ.

Long., 12 centimètres.

339. — Hache celtique.

Long., 18 centimètres.

340. — Espèce de petit poignard fragmenté.

Long., 18 centimètres.

341. — Lame de bronze, ayant dû servir à un poignard. Les deux clous qui servaient à l'adapter à une poignée de bois ou d'ivoire existent encore.

Long., 18 centimètres.

342. — Deux fers de lance en bronze. Dans l'un, est resté encore un morceau de bois.

343. — Deux fers de lance en fer.

344. — Deux fers de lance, l'un en bronze, l'autre en fer. Tous deux sont recourbés à leur extrémité.

345. — Deux fers de flèche.

2. CANDÉLABRES.

346. — Candélabre posé sur trois griffes de lion.

La tige figure un tronc de palmier. Au-dessus, un petit plateau rond (1).

Haut., 23 centimètres.

(1) Décrit dans mon *Cat. étrusque*, n° 260.

347. — Candélabre. — Le pied est formé du *triskèle* avec les pieds chaussés; au-dessus, est placée une figurine représentant *Némésis*, *Lasa* ou *Nortia*. Elle est revêtue d'une double tunique sans manches, et tient d'une main un stylet, et de l'autre un lécythus. Un large bracelet décore son bras droit. Au-dessus de sa tête s'élève une tige cannelée sur laquelle on voit un chien qui poursuit un coq. Un plateau carré, sur les bords duquel sont placés quatre canards, couronne ce monument.

Trouvé à Bomarzo.

Haut., 47 centimètres.
Idem de la figurine, 14 centimètres.

348. — Candélabre supporté par trois griffes de lion. Au-dessus, est placée une figurine de *Mars*, entièrement nu et casqué, avec les géniastères abaissés. Les armes que le dieu tenait ont été détruites par le temps. Au-dessus de la tête de cette figurine s'élève la tige, qui est ornée de rotules et couronnée par un petit plateau carré (1).

Haut., 30 centimètres.
Idem de la figurine, 15 centimètres.

(1) Publié. Micali, *Storia degli ant. pop. ital.*, tav. XXXVIII, 5. Décrit dans mon *Cat. étrusque*, n° 257.

349. — Candélabre. — Le pied est formé du *triskèle* avec des chaussures aux pieds; entre les jambes, sont deux têtes d'*Io* à oreilles de vache, et ceintes d'une bandelette; et une troisième tête de femme, distinguée par un large diadème et de gran-

des boucles d'oreille rondes. Les cheveux de cette dernière tête sont autrement disposés que ceux d'*Io*. Nous sommes porté à reconnaître dans cette troisième tête celle de *Junon*, dont *Io* était la prêtresse. Ces trois têtes sont attachées par l'extrémité des cheveux. Sur la tige grimpe un *satyre* (1).

Les trois têtes qui décorent ce charmant candélabre nous semblent devoir rappeler les trois phases de la *Lune*. *Io* cornue est la lune croissante et décroissante (2); *Junon* doit être la pleine lune (3).

Une petite lampe ronde, en terre cuite, est placée sur le plateau qui couronne le candélabre.

Haut., 38 centimètres.

(1) Ce monument a été trouvé le 27 février 1833, à Vulci, dans une tombe ouverte sous les yeux de M. le vicomte Beugnot.

(2) Les Argiens donnaient le nom d'Io à la lune. Eustath. *ad* Dionys. Perieg., 92; Suid. *v.* Ἰώ.

(3) Voyez les ingénieuses réflexions de M. le duc de Luynes, dans ses savantes *Études numismatiques sur le culte d'Hécate*, p. 50 et suiv.; p. 88 et suiv. Cf. Schwenck, *Etym. myth. Andeutungen*, S. 68, et la *Nouvelle Galerie myth.*, p. 74.

350. — Candélabre, reposant sur trois griffes de lion; entre chaque griffe une palmette. La tige est cannelée. Deux des branches qui formaient le couronnement, sont rompues.

Trouvé dans un tombeau aux environs de Canino.

Haut., 56 centimètres.

351. — Candélabre à fût cannelé, élevé sur un pied formé par trois griffes de lion; dans les intervalles qui séparent les griffes, sont des palmettes. Une espèce de cuvette, renversée et ornée de godrons, couronne la tige, au-dessus de laquelle s'é-

lève encore un ornement, qui servait de base à une figurine, ou de support à la lampe.

Haut., 56 centimètres.

352. — Candélabre. — La tige pose sur la tête d'un jeune *satyre*, entièrement nu, qui s'appuie de la main gauche sur un bâton noueux; ce pédum sert de troisième pied au candélabre. Dans sa main droite levée, le *satyre* tient une grosse pierre avec laquelle il va écraser un serpent qui s'enroule autour de son pédum. La tige du candélabre est en spirale, et, au-dessus, on voit une figure de femme, les mains levées, qui supporte sur sa tête un petit plateau rond. Le bas du corps de cette femme se termine en deux larges queues de poisson (1); une tunique courte la couvre jusqu'à la naissance des deux queues (2).

La figure du *satyre* est un bronze charmant sous le rapport de la perfection et du fini du travail.

Ce beau candélabre est monté sur un socle en marbre jaune de Sienne, porté par trois pieds de bronze, en forme de griffes de lion, qui doivent avoir appartenu à une ciste. On y voit représentée, en bas-relief, la lutte de deux hommes; l'un est revêtu d'une chlæna (3).

Haut. du candélabre, 46 centimètres.
Idem du *satyre*, 15 centimètres.
Haut. totale, avec le socle, 59 centimètres.

(1) Cf. *Eurynome* (Paus., VIII, 41, 4), *Dercéto* et d'autres divinités marines analogues; voyez aussi la *Tritonide* en bronze de la collection de M. Révil. *Mon. inéd. de l'Inst. arch.*, I, pl. XVIII, 1.

(2) Cette déesse est peut-être la nymphe *Amymone*, poursuivie par *Pan* (Apollod., II, 1, 4); dans ce cas, le *satyre* serait le satyre de l'Arcadie, *Pan*, et le serpent ferait allusion à l'hydre de Lerne ou de la source Amymone. Paus., V, 17, 4. Cf. Panofka, *Ann. de l'Inst. arch.*, IV, p. 373. Ces réflexions,

déjà imprimées dans mon *Cat. étrusque*, p. 124, note 2, appartiennent à M. Ch. Lenormant.

(3) Publié. Micali, *Storia degli ant. pop. ital.*, tav. XL, 3; K. O. Müller, *Denkmæler der alten Kunst*, I, Taf. LIX, 295. Décrit dans mon *Cat. étrusque*, n° 258.

3. FIGURINES.

353. — Buste de *Jupiter.* Ce petit monument a dû être appliqué sur un fond.

Haut., 4 centimètres.

354. — *Priape* ithyphallique, représenté à mi-corps, la tête surmontée d'une crête de coq (1). Ce bronze est muni d'une bélière.

Haut., 5 centimètres.

(1) On connaît les rapports du coq avec les idées érotiques. Petron., *Satyr.* 86. Cf. Panofka, *Ann. de l'Inst. arch.*, II, p. 143, note 10; mon *Cat. Durand*, n° 47 et 665; Lenormant et de Witte, *Élite des mon. céramogr.*, p. 36.

355. — *Priape* barbu, terminé en hermès et ithyphallique. Un bonnet, ressemblant au pileus, couvre sa tête. Un des bras est cassé.

Socle en marbre noir.

Haut., 12 centimètres.

356. — Triple phallus ailé, muni de plusieurs bélières.

Long., 8 centimètres.

357. — *Priape* debout. Le dieu est barbu et vêtu d'une tunique qu'il relève par-devant. Dans le pan de sa tunique relevée, sont des fruits et des fleurs; une faucille, dont l'extrémité est cassée, est dans sa main droite.

Une particularité se remarque à ce monument; c'est que le phallus du dieu est recouvert par une espèce de bourse, attachée par une charnière qui permet de lever ou d'abaisser cette bourse à volonté (1).

Socle en marbre vert de mer.

Haut., 12 centimètres.

(1) Ce curieux bronze a fait partie de la collection *Durand*, dans laquelle il n'existait déjà plus à l'époque de la vente.

358. — *Vénus*, debout et nue, les pieds chaussés de brodequins. La déesse porte les mains en avant; elle tenait probablement un attribut dans la main droite. Cette figurine, trouvée dans la Sabine, est d'un style grossier et presque barbare.

Socle en jaune antique, avec base en marbre noir.

Haut., 24 centimètres.

359. — *Vénus*, tutulée, avec des souliers pointus par le bout (*calceoli repandi*). Les deux bras tournés en dedans.

Socle en caillou d'Égypte.

Haut., 11 centimètres.

360. — *Vénus*, entièrement nue, à l'exception des souliers qui chaussent ses pieds. Un collier orné de la *bulla* lui sert de parure, ainsi qu'un diadème. Cette figurine, qui servait de manche à un vase ou à un miroir, lève les deux bras, qui soutiennent un ornement offrant une grande palmette.

Le vase s'adaptait à cet ornement, dans une rainure qui règne au-dessus de la tête de la figurine.

Socle en albâtre gypseux.

Haut., 18 centimètres.

361. — Tête ailée de *Thétis* ou de *Vénus*, ornée d'un diadème, d'un collier et de pendants d'oreille. Une des ailes est fracturée. Cette tête, ouverte des deux côtés, est munie d'une double bélière pour la suspendre. Un petit bouchon ferme la partie supérieure.

Socle en serpentin.

Haut., 12 centimètres.

362. — Tête de *Proserpine*, ornée d'un diadème, de pendants d'oreille et d'un collier, et avec deux oies placées sur la tête. Cette tête, ouverte par le haut et par le bas, comme celle décrite au numéro précédent, a aussi un bouchon en bronze; les cous des canards forment les bélières pour la suspendre. La pupille des yeux est creuse, particularité de travail faite sans doute à dessein, et qui ajoute à l'expression sévère empreinte sur les traits de la déesse.

Trouvée à Bomarzo.

Socle en serpentin.

Haut., 12 centimètres.

363. — Tête de *Proserpine*. Ses cheveux sont tressés et se réunissent sur le sommet de la tête. Un diadème, terminé à chaque extrémité par une tête de cygne ou d'oie, orne cette tête.

Haut., 8 centimètres.

364. — *Éros*, ailé, levant la main droite; les attributs sont perdus. Bronze qui peut être de travail romain.

Monté sur une colonne en albâtre fleuri.

Haut., 14 centimètres.

365. — Socle en jaune antique (1), avec base en marbre noir. Sur le devant est incrustée une pla-

que de bronze, de forme ronde, avec bélière. Cette plaque offre en relief le buste ailé d'*Hyménée*, vêtu d'une chlamyde. Sa tête est couronnée de lierre. Ce bronze, qui a été tiré des ruines d'Herculanum, a servi d'ornement au timon d'un char.

Haut. du socle, 19 centimètres.
Diam. de la plaque, 12 centimètres.

(1) Cet échantillon de la plus belle couleur a été trouvé par M. le vicomte Beugnot, en 1830, à la villa Adriana.

366. — *Mars*, debout et armé d'une cuirasse, d'un casque à géniastères et de cnémides. Le dieu tenait dans la main droite un javelot qu'il était sur le point de lancer. Le cimier du casque est perdu. La cuirasse est très-richement ornée. Cette statuette est de travail étrusque et d'une parfaite conservation.

Socle en granit gris.

Haut., 23 centimètres.

367. — *Mars*, debout, dans l'action de combattre. Le dieu est casqué et armé d'une cuirasse enrichie de ciselures. Il est imberbe. Dans sa main droite levée, il tenait une lance; un bouclier couvrait son bras gauche. Ces attributs sont perdus.

Cette statuette, de travail étrusque, a été trouvée à Pérouse.

Socle en marbre porte-or avec base en jaune antique.

Haut., 26 centimètres.

368. — *Gorgone*, les bras écartés et avec des ailes aux épaules qui suivent la direction des bras. La figure est hideuse, avec de grands yeux et la langue pendant hors de la bouche. Celle-ci est ouverte et percée à jour. La *Gorgone* est revêtue d'une tunique étroite qui la serre dans une gaîne, termi-

née en bas par une griffe de lion, sur laquelle pose le monstre.

Ce curieux bronze a dû servir de support à un trépied. Il est aplati et creux par derrière; on y aperçoit encore trois espèces de clous qui servaient à le fixer (1).

Socle en marbre noir.

Haut., 22 centimètres.

(1) Un semblable pied de candélabre existe dans la collection de M. le comte de Pourtalès-Gorgier; un autre est au Musée de Berlin. Il paraît que ces trois pieds ont été trouvés ensemble à Chiusi, circonstance qui sert à confirmer la destination que je leur suppose, d'avoir servi à porter un trépied.

369. — *Apollon* lyricine, debout. Le dieu a la tête ceinte d'une couronne de laurier; un collier et une armille au bras gauche lui servent de parure. Il est nu jusqu'à la ceinture; à partir de là, une draperie, retenue par une ceinture en forme de grosse corde, retombe jusqu'au bas des jambes. Ses pieds sont chaussés de sandales. Dans sa main droite est le plectrum, formé par une patte de lièvre, et dans sa gauche la lyre.

Ce beau bronze, trouvé dans les fouilles de Bomarzo, est un des monuments les plus remarquables de l'art étrusque; sa conservation est parfaite. Son socle antique, en bronze, existe encore. Cette figurine faisait autre fois l'ornement d'un candélabre.

Socle en jaune antique avec base en marbre noir.

Haut., y compris le socle antique, 17 centimètres.

370. — *Apollon*, nu, levant la main droite, comme s'il allait lancer un javelot, et étendant la gauche. Cette figurine est d'ancien style.

Socle en marbre jaune de Sienne.

Haut., 17 centimètres.

371. — Fragment de figurine drapée, ayant dû représenter probablement une *Muse*. La partie supérieure manque.

Socle en marbre lumachelle gris.

Haut., 16 centimètres.

372. — *Lasa* étrusque ou *Némésis*, debout, avec de grandes ailes rattachées aux épaules, la main gauche posée sur la hanche. Un collier de perles, auquel est suspendu un objet en forme de croissant, des bracelets et un diadème, forment sa parure. Du reste, la déesse est entièrement nue. Cette figurine a servi de manche à un miroir. On aperçoit encore, au-dessus de la tête, une rainure dans laquelle s'emboîtait le disque du miroir.

Trouvée à Bomarzo.

Socle en serpentin avec base en marbre noir.

Haut., 20 centimètres.

373. — *Satyre* barbu, à oreilles, queue et pieds de cheval. Ses longs cheveux retombent sur le dos. Il tient de la main droite le céras et relève de la manière la plus comique sa queue, qu'il tient sous son bras gauche.

Trouvé à Bomarzo.

Socle en brèche violette avec base en marbre noir.

Haut., 11 centimètres.

374. — Un *Satyre* à pieds de cheval, couché.

Socle en marbre noir.

Long., 4 centimètres.

375. — Un *Satyre* à pieds et oreilles de cheval, à demi couché et levant les deux bras avec les mains étendues.

Socle de granit rose d'Égypte avec base en marbre noir.

Haut., 8 centimètres.

376. — *Silène*, debout et nu, ayant la chlamyde, qui enveloppe sa cuisse droite, suspendue sur le bras gauche. Il lève le bras droit.

Socle en marbre jaune de Sienne.

Haut., 15 centimètres.

377. — *Isis*, debout, revêtue d'une tunique talaire que recouvre un péplus à franges, noué sur la poitrine. La coiffure de la déesse est surmontée de deux palmes disposées en forme de croissant. Le disque solaire est placé entre ces deux palmes; deux autres palmes droites l'encadrent et s'élèvent au-dessus. La déesse tient dans la main gauche des épis et des fruits. A son bras gauche est pendu un seau ou *situla*. La main droite levée tenait probablement le sistre.

Cette figurine, de travail grec, a été trouvée dans des fouilles faites à Faléries.

Socle antique de bronze, placé sur un socle en granit verdâtre.

Haut., avec le socle antique, 18 centimètres.

378. — Divinité patæque, nue, ressemblant beaucoup au *Phthah* égyptien, avec des jambes tortues, la tête très-grosse et un énorme phallus qui lui sert comme de troisième jambe.

Cette figurine, de travail grec, est remarquable par l'expression de la physionomie.

L'extrémité des bras et des pieds est mutilée.

Socle en marbre noir.

Haut., 11 centimètres.

379. — *Hercule* et *Antée*. Ce groupe représente le héros thébain entièrement nu. Il est barbu. Ses efforts tendent à soulever de terre son antagoniste, qui est également nu, mais imberbe.

Ce groupe, d'une exécution lourde et grossière,

paraît appartenir à la décadence des arts en Étrurie.

Socle en marbre noir avec base en jaune antique.

Haut., 15 centimètres.

380. — Un éphèbe, debout, vêtu d'un manteau et couronné de laurier. Il tient une patère dans la main droite. L'attribut qu'il portait dans la main gauche est perdu. Ce bronze semble offrir le portrait d'*Auguste* jeune.

Trouvé à Tivoli.

Socle en granit gris.

Haut., 22 centimètres.

381. — Un éphèbe, entièrement nu, tient dans la main droite une boule qu'il va lancer.

Cette figurine surmontait autrefois un candélabre.

Socle en marbre noir avec base en jaune antique.

Haut., 10 centimètres.

382. — Un éphèbe nu, tenant la main droite ouverte. Les attributs qu'il portait sont perdus.

Socle en jaune de Sienne, sur le devant duquel est appliquée une tête antique de bronze représentant *Silène*.

Haut. de la figurine, 12 centimètres.
Idem de la tête, 3 centimètres.

383. — Deux lions accroupis, d'ancien style et offrant beaucoup de ressemblance avec les fameux lions de la porte de Mycènes.

Trouvés à Bomarzo.

Socles en jaune antique avec base en marbre noir.

Haut., 9 centimètres.

384. — Deux lions accroupis.

Socles en marbre vert.

Long., 6 centimètres.

385. — Tête de bélier d'un très-beau style. Ce bronze, travaillé au repoussé, était destiné à orner la voûte d'un tombeau. On a trouvé de pareilles têtes d'animaux placées au milieu de caissons également en bronze.

Haut., 9 centimètres.

386. — Deux licornes retournant la tête en arrière (1).

Socles en marbre jaune de Sienne, avec base en marbre noir.

Long., 15 centimètres.

(1) Décrites dans mon *Cat. étrusque*, n° 286.

387. — Socle carré en marbre jaune antique, à base en marbre noir, sur le milieu duquel est appliqué un petit bas-relief rond, représentant un loup qui dévore un lièvre.

Ce petit bas-relief a été trouvé dans une des îles de la Grèce.

Diam., 7 centimètres.

388. — Sanglier accroupi. Copie réduite du sanglier de Florence.

Socle en marbre palombino.

Haut., 6 centimètres.

4. MIROIRS.

389. — Miroir étrusque, malheureusement endommagé par l'oxyde et par les coups qu'il a reçus

quand il a été trouvé. Le *Jugement de Pâris*, sous une forme particulière (1). *Apollon*, ΥИ1Α, remplace *Pâris; Hercule*, ƎИƆΓƎH, occupe la place de *Mercure*. Au centre, on voit les trois déesses. *Vénus*, nue par devant, est placée entre *Junon* et *Minerve*. La déesse est diadémée; un collier et des pendants d'oreille lui servent de parure; son péplus retombe par derrière et vient couvrir ses jambes au-dessous des genoux. Dans sa main droite est une branche de myrte. A droite, *Junon* est revêtue d'une tunique talaire et d'un péplus qui voile sa tête; un diadème entoure son front. Elle lève la main droite en faisant un geste. A gauche, *Minerve*, AꟼЯИƎM, se distingue par l'égide hérissée de serpents et ornée du *Gorgonium*. Une tunique talaire et un péplus composent le costume de la déesse, qui est parée d'un diadème et d'un collier. *Hercule* et *Apollon* occupent les deux extrémités de la scène. *Apollon*, à droite, est assis sur un ocladias; il est imberbe; sa tête est nue; un manteau couvre ses jambes et laisse à découvert toute la partie supérieure de son corps; ses pieds posent sur un hypopodium; dans sa main gauche est une longue branche de laurier. *Hercule*, debout à gauche et relevant la jambe gauche, est barbu et nu. Une chlamyde vient retomber entre ses jambes. De la main droite le héros s'appuie sur la massue.

Autour de cette composition est une bordure dans laquelle on voit des combats d'animaux : un lion et un griffon dévorent un cheval; un lion et une panthère attaquent une biche; un lion et une panthère dévorent un bélier; un cheval renversé par une panthère; un cerf dévoré par une panthère et un griffon; un cheval attaqué par un lion et une panthère; et enfin un taureau assailli par un lion et une panthère.

Vers la naissance du manche est représenté un

nain, nu et barbu; il est accroupi; dans sa main droite, qu'il lève, est un lécythus orné de bandelettes (2).

Trouvé aux environs de Viterbe.

Diam., 18 centimètres.

(1) Voyez l'ingénieuse explication de M. Panofka, *Ann. de l'Inst. arch.*, V, p. 343 et suiv.

(2) Publié. Micali, *Storia degli ant. pop. italiani*, tav. XLIX.

390. — Miroir en forme de boîte. L'extérieur conserve quelques traces du poli. Dans l'intérieur il y a des cercles. On remarque encore une partie de la charnière qui unissait la boîte et le couvercle. Une plaque de bronze mobile, et d'un diamètre inférieur à celui de la boîte, est placée dans l'intérieur. Deux petits anneaux, placés au bas de cette plaque, servaient à la soulever. Sur cette plaque mobile est un bas-relief représentant *Oreste* réfugié à *Delphes* et appuyant la jambe gauche ployée sur l'*omphalos*. Il est casqué, et dans sa main gauche est un rameau de laurier; sa main droite porte une épée. A gauche est *Pylade*, armé de toutes pièces; il porte un bouclier argien et tient l'épée nue à la main. A droite, une *Furie*, les cheveux épars, vêtue d'une tunique courte, tient des deux mains la bipenne, comme pour assommer *Oreste*.

L'oxyde a cruellement endommagé ce monument (1).

Diam. de la boîte, 14 centimètres.
Idem du bas-relief, 11 centimètres.

(1) Un semblable miroir, mais mieux conservé, existe dans la collection de M. le comte de Pourtalès. M. Gerhard (*Etruskische Spiegel*, Taf. XXI, 1 und 2), vient de publier un miroir qui représente le même sujet.

VI. PIERRES GRAVÉES ET BIJOUX.

—

1. SCARABÉES.

391. — Scarabée en cornaline. — *Ganymède*, nu, un genou posé à terre, tient de la main droite le canthare et de la gauche l'œnochoé. Ses longs cheveux nattés retombent sur ses épaules.

Cette gravure est de la plus grande beauté; l'animal, exécuté en relief avec une délicatesse infinie, et la beauté de la pierre, rendent ce scarabée un des plus remarquables de tous ceux qui ont été fournis par les fouilles de l'Étrurie (1).

Monture moderne en or.

(1) *Bull. de l'Inst. archéol.*, 1834, p. 116; Empreintes, *Centurie*, III, n° 4.

392. — Scarabée en chalcédoine. — *Castor*, ᑫVϮ⸗ϟᗅ>, entièrement nu et imberbe, porte une urne sans anses. Très-belle gravure étrusque (1).

Monture moderne en or.

(1) *Bull. de l'Inst. arch.*, 1834, p. 116; Empreintes, *Cent.*, III, n° 5. On a expliqué le sujet de ce scarabée, en reconnaissant ici *Castor*, qui porte l'urne dans laquelle sont renfermées les cendres de son frère *Pollux*. Il est possible que ce sujet doive être comparé à celui d'une plaque en or travaillée au repoussé, et sur laquelle on voit deux éphèbes et une femme

assis près d'un grand cratère. La femme serait *Hélène*, et dans les deux éphèbes on reconnaîtrait *Castor* et *Pollux*. Voyez mon *Cat. Durand*, nos 2167 et 2168. Une de ces plaques a passé au Cabinet des Médailles; l'autre fait maintenant partie de la collection de M. le comte de Pourtalès.

393. — Scarabée en agate brûlée. — *Capanée* ou plutôt *Ajax* foudroyé. Le héros est nu et imberbe. Il tient son bouclier; son casque tombe à terre, pendant que la foudre le renverse. La foudre a la forme de la fleur hyacinthe.

Monture moderne en or.

394. — Agate. Intaille sciée d'un scarabée. — *Athéné Promachos*. La déesse est revêtue d'une tunique talaire que recouvre une égide retombant par derrière à mi-jambe; des serpents entourent cette égide. Un casque, un bouclier et une lance complètent l'armement de la déesse. Au-dessous, est une fleur de l'espèce de l'hyacinthe.

395. — Cornaline. Intaille sciée d'un scarabée. — *Hyllus* venant de décapiter *Eurysthée*. Le jeune guerrier est nu, armé d'un casque et d'un grand bouclier argien. Il tient de la main gauche la tête du roi. Le corps d'*Eurysthée*, ainsi que son casque, sont étendus aux pieds d'*Hyllus* (1).

(1) Cf. *Cat. Durand*, n° 2200, et *supra*, n° 164.

396. — Scarabée. Émeraude chatoyante. — *Orion* courant et retournant la tête à droite. A gauche, un astre (1).

(1) Cf. la pierre publiée par M. Panofka, *Ann. de l'Inst. arch.*, VII, pl. H, 6. Ce savant a cru reconnaître sur cette pierre *Æpytus*, roi d'Arcadie, mordu par un serpent. *Ann. de l'Inst. arch.*, VII, p. 251.

397. — Scarabée en cornaline. — Sujet très-singulier. On y voit un homme qui semble passer sa main dans la flamme qui brûle sur un autel. A moins que ce ne soit un guerrier qui jette de l'encens dans le feu, on doit reconnaître ici *Mucius Scévola*, qui laisse brûler sa main. Dans la main droite, le guerrier tient une épée (1).

Monture moderne en or.

(1) *Bull. de l'Inst. arch.*, 1834, p. 117, Empreintes, *Cent.* III, n° 25. On a cru reconnaître dans ce sujet *Oreste* tourmenté par les Furies et réfugié près du trépied d'Apollon.

398. — Scarabée. Agate barrée. — Un guerrier courant.

Monture antique en or.

2. CAMÉE ET INTAILLES.

399. — Sardoine. Camée à trois couches. — *Neptune*, sur un char en forme de coquille, traîné par deux hippocampes. Le dieu est barbu et nu; il tient le trident. Le fond est vert; le personnage, les chevaux et le char sont blancs; les flots, verts.

400. — Sardoine. Intaille. — *Mercure*, debout, tenant le caducée. Des talaires ailées et une chlamyde complètent ses attributs. Sa barbe est cunéiforme.

Gravure de l'artiste *Aëtion*, dont le nom se lit ΑΕΤΙΩΝ, derrière le dieu (1).

(1) Publié. Millin, *Galer. myth.*, L, 205, et *Pierres gravées inédites.*

401. — Nicolo. Intaille. — *Némésis*, debout et ailée, relève le bras gauche pour indiquer la cou-

dée, et tient de la droite une branche de pommier (1); à ses pieds, la roue.

(1) Paus., I, 33, 3. Cf. Visconti, *Mus. Pio Clem.* II. tav. XIII.

402. — Sardonyx à quatre couches. Intaille. — Tête de *Méduse* à droite. Des serpents forment son collier; d'autres serpents sont mêlés à ses cheveux. Des ailes se rattachent à la tête.

403. — Nicolo. Intaille. — *Isis*, debout, tenant le sistre et le seau. A droite on lit **BON** et à gauche **EVT**. *Bona Fortuna*, Ἐυτυχία.

Gravure romaine.

404. — Nicolo. Intaille. — Tête d'*Isis* coiffée de trois vases.

Gravure du temps des Antonins.

405. — Nicolo. Intaille. — Tête de *Sérapis* coiffé du modius, à gauche. Autour, on lit le nom du graveur: **ZHNωNOC**, (*ouvrage*) *de Zénon.*

406. — Bague en cuivre ornée d'un très-petit nicolo sur lequel est gravé un animal.

407. — Plasma vert. Intaille. — Vase en forme de *canope.*

408. — Sardoine claire, légèrement fragmentée. Intaille. — Tête d'*Auguste* jeune, à gauche. Magnifique gravure de *Dioscoride.* Au-dessous de la tête, on lit le mot **ΔIOC**, commencement du nom de *Dioscoride* (1).

(1) *Bull. de l'Inst. arch.*, 1834, p. 128; Empreintes, *Cent.* IV, n° 93.

409. — Cornaline fragmentée. Intaille. — Buste de femme, diadémée, à droite, les cheveux tombant sur les épaules. Cette tête, du plus gracieux travail grec, paraît offrir le portrait de *Pythodoris*, reine du Bosphore et femme de Polémon Ier. Pythodoris régna seule depuis l'an 1 avant l'ère chrétienne jusqu'à l'an 38 de J. C. (1).

Cette pierre a été trouvée sur les bords méridionaux de la mer Noire.

(1) Publiée. Lenormant, *Numismatique des rois grecs*, pl. XXV, n° 1 et p. 53.

410. — Ématite. Cylindre babylonien. — Trois personnages barbus. Deux semblent arriver du dehors et être reçus par le troisième. Le premier à gauche pose le pied sur un lion et tient dans la main gauche une branche bifurquée, symbole des deux principes actif et passif de la nature (1). Le second personnage est revêtu d'une robe faite d'un tissu très-fin; il lève les deux mains en signe d'adoration. Le troisième, qui semble recevoir les deux premiers, tient une espèce de bâton. Dans le champ, sont tracés divers symboles: le disque du soleil, le croissant de la lune, la croix ansée, une tête mâle dessinée de profil, une tête de femme avec les deux tresses de cheveux tombant le long des joues et représentée de face, et enfin un scorpion (2).

Trois lignes perpendiculaires de caractères cunéiformes.

Monté sur un cercle d'or.

(1) Münter, *Religion der Babylonier*, S. 127.

(2) Sur la pierre persépolitaine, conservée au cabinet des Médailles, et connue sous le nom de *Caillou Michaux*, on remarque aussi les deux disques faisant allusion au soleil et à la lune, les deux tresses de cheveux, le scorpion, et enfin la bran-

che bifurquée, dans laquelle Münter (*l. cit.*) croit reconnaître deux serpents enlacés, symbole, du reste, d'un sens analogue, puisqu'il rappelle le caducée de Mercure. Millin, *Mon. inéd.*, tom. I, pl. VIII et IX; Münter, *Religion der Babylonier*, Taf. III.

3. OBJETS EN OR.

411. — Bague d'or. Le chaton offre une gravure en creux, représentant le combat d'*Hercule* contre le lion de *Némée*. Le héros est imberbe et revêtu d'une tunique courte; il plonge son épée dans la gorge du lion, qui se dresse devant lui sur ses pattes de derrière. *Minerve*, placée de l'autre côté du lion, enfonce une épée dans le dos de l'animal et le saisit par la queue. La déesse est casquée et revêtue d'une tunique talaire. Un chien, placé au-dessous du lion, le mord à la cuisse. Un épi derrière *Hercule* indique l'époque de la moisson.

Ce charmant sujet est purement astronomique. Il fait allusion à l'entrée du soleil dans les signes du Lion et de la Vierge, le temps de la moisson; le chien est le chien *Sirius* et indique la canicule (1).

(1) *Bull. de l'Inst. arch.*, 1831, p. 106; Empreintes, *Cent.* I, n° 15. On a voulu reconnaître dans la *Minerve* qui vient au secours d'*Hercule* la chasseresse *Cyrène*. Le signe de la Vierge est quelquefois figuré sous la forme de *Cérès*, tenant un épi. Eratosthen. *Catasterism.* 9.

412 — Bague très-épaisse en argent, avec une petite plaque en or, sur laquelle est gravé *Hercule*, couvert de la peau de lion et terrassant avec la massue la biche Cérynite.

Trouvée à Bomarzo.

413. — Bague en or. Gravure en creux. — Une

chimère et un *sphinx* placés en regard. Une espèce de candélabre, surmonté d'une étoile, est placé entre les deux animaux (1).

(1) *Bull. de l'Inst. arch.*, 1834, p. 120; Empreintes, *Cent.* III, n° 61.

414. — Cachet en or, travaillé à jour. Le chaton figure le monogramme du *Christ.*

415. — Une paire de bracelets en or, avec de petites têtes humaines aux extrémités.

416. — Cachet en or. Sur le chaton, de forme carrée, une inscription persane, avec la date de l'an 1212 de l'hégire : *Major Robert Burn*, 36e *régiment*, 1212 (1797) (1).

(1) C'est à l'obligeance de M. J. Mohl que je dois l'interprétation de ce cachet. Voici les réflexions que ce savant me communique. *Le chiffre 36e est traduit en persan ; mais on a laissé le mot* RÉGIMENT *et on l'a écrit en caractères persans, selon la prononciation anglaise. Il n'existe qu'un doute, c'est que le graveur musulman a écrit* RABERT *au lieu de* ROBERT ; *mais la prononciation anglaise est si peu distincte qu'on a bien pu se tromper et mettre un* A *au lieu d'un* O.

VII. MELANGES.

417. — Deux fragments de torches funèbres en cire, découverts à Vaison, département de Vaucluse.

On trouve fort rarement des torches pareilles dans les tombeaux antiques.

Long., 61 centimètres et 29 centimètres.
Circonférence, 34 centimètres.

418. — Petite lampe en plomb, trouvée dans le tombeau d'un enfant, hors la porte Pia, à Rome.

Long., 3 centimètres.

419. — Deux petits monuments en plomb: 1° une tessère en forme d'épi, destinée aux distributions de blé; 2° une espèce de médaille trouvée en Sicile. D'un côté, une tête de femme, de face, de haut-relief et de beau style.

R. Un sujet peu distinct; il paraît représenter *Diomède* et *Ulysse* enlevant le *Palladium*. Les deux héros sont nus; le tout dans un carré creux.

420. — Plomb. — Poids grec de forme carrée. Sur un des côtés, est représentée une amphore. Autour on lit: ΤΡΙΤΗΣ. Ce poids, acheté à Égine, est de la pesanteur de 10 onces romaines.

421. — Plomb. — Poids grec de forme carrée. Sur la partie supérieure est figuré un céras. Autour,

plusieurs caractères qui ne semblent former aucun sens. Poids de deux onces romaines.

422. — As italique. — Un cheval ailé, répété sur les deux faces, l'un tourné à droite, l'autre à gauche. Dessous **S**.

Semis (1).

(1) Voyez Marchi et Tessieri, *L'Aes grave*, class. I, tav. IX, 2.

423. — As italique, frappé à Volterra. — Double tête de *Janus* imberbe. Au-dessus, la marque de l'unité.

R. Tête de *Mercure* ou de *Persée* imberbe, à gauche, coiffé du pétase garni d'ailes; derrière, la harpé.

(1) Voyez l'ouvrage cité au numéro précédent, class. I, tav. VII, 1, et la *Nouvelle Galerie myth.*, pl. II, n° 1.

424. — Terre émaillée blanche, à taches noires. Femme agenouillée devant un vase qu'elle soutient des deux mains.

Cette figurine, qui ressemble pour la pâte aux monuments égyptiens en terre émaillée, a été trouvée dans un tombeau, à Montalto. Elle forme un petit vase, qui servait à contenir des parfums à l'usage des femmes (1).

(1) Cf. *Cat. Durand*, n° 1219, ce que j'ai dit sur ces sortes de faïences trouvées en Étrurie.

425. — Vase. F. de tête de *Pan*, avec de petites cornes au front et une barbe pointue. Le goulot avec l'anse sont placés sur le front.

Terre émaillée verte (1). — Grèce.

Haut., 6 centimètres.

(1) Décrit dans mon *Cat. Durand*, n° 1228.

426. — Ivoire. — Manche de stylet de travail romain, représentant une tête de cheval d'un beau travail. Le long du manche est appliqué un doigt humain.

Long., 7 centimètres.

427. — Os. — Deux dés, trouvés dans un tombeau, près de Corneto.

428. — Os. — Fragments d'une ciste, sur laquelle on voit des chevaux tenus par la bride, un oiseau sous les pieds d'un des chevaux, et un guerrier nu et casqué (1).

Ces fragments sont au nombre de quatre.

Haut., 14 centimètres.

(1) Cf. la ciste du Musée de Berlin, publiée par M. Gerhard, *Etruskische Spiegel*, Taf. XIV. Cf. Taf. I, 3.

429. — Os. — Deux têtes de femme. Ces têtes ont peut-être fait partie de la ciste dont les fragments sont décrits au numéro précédent.

VIII. MONUMENTS ÉGYPTIENS.

C'est à l'amitié de M. Ch. Lenormant, conservateur de la Bibliothèque Royale, que nous devons l'indication des noms des dieux et l'interprétation des légendes hiéroglyphiques.

1. DIVINITÉS.

430. — Terre émaillée bleue. — Le dieu *Amon*, à tête de bélier, debout.

431. — Bronze. — Égide ornée d'une tête de bélier, symbole d'*Amon*. Cette tête est surmontée de l'uræus couronné du disque solaire. De chaque côté sortent des cornes de bélier surmontées de l'uræus; à côté, des palmes, et au milieu une partie du pschent couronné du disque solaire. Sur la plaque qui forme l'égide, sont représentées trois fleurs de lotus. Une ouverture par derrière servait à fixer cette égide au bout d'un sceptre.

Haut., 9 centimètres.

432. — Terre émaillée bleue. — Le dieu *Arsaph ithyphallique*, forme d'*Amon*. Il tient le fouet de la main droite levée, et de l'autre son phallus (1).

(1) Champollion, *Panthéon égyptien*, pl. 4.

433. — Terre émaillée bleue. — Autre figurine représentant la même divinité.

434. — Terre émaillée. — Deux fragments représentant le dieu *Djom* patæque, la tête surmontée de plumes. Ces figurines sont doubles, et représentent le dieu sur chaque face.

435. — Bronze. — La déesse *Neith*, la grande Mère, coiffée de la partie inférieure du pschent. Les attributs que la déesse portait sont perdus. Sur la base, sont gravés des caractères hiéroglyphiques (1).

Socle en marbre jaune de Sienne.

Haut., 21 centimètres.

(1) Champollion, *Panthéon égyptien*, pl. 23.

436. — Lapis lazuli. — La déesse *Neith*, debout, coiffée de la partie inférieure du pschent.

437. — Terre émaillée bleue. — *Bouto* ou *Neith*, debout et coiffée de la partie inférieure du pschent. La déesse allaite deux crocodiles (1).

(1) Champollion, *Panthéon égyptien*, pl. 23 A.

438. — Terre émaillée de la plus belle couleur bleue. — Le dieu *Phthah* patæque, debout (1).

Haut., 8 centimètres.

(1) Champollion, *Panthéon égyptien*, pl. 8.

439. — Bronze. — Le dieu *Phthah*, stabiliteur, debout, le corps et les jambes enveloppés dans une étroite gaîne et s'appuyant sur un sceptre, terminé par le nilomètre.

Ses autres attributs sont l'emblème de la vie, et le sceptre surmonté de la tête de coucoupha (1).

Socle en marbre noir avec base en jaune antique.

Haut., 10 centimètres.

(1) Champollion, *Panthéon égyptien*, pl. 9 et pl. 16.

440. — Terre émaillée bleue. — Le dieu *Phthah*, debout, terminé en gaîne et tenant le sceptre, surmonté de la tête de coucoupha.

441. — Terre émaillée bleue. — Divinité patæque placée sur deux crocodiles. Des espèces de chaînes sortent de sa bouche. Un scarabée est placé sur sa tête. Par derrière, des hiéroglyphes. Peut-être, une des formes de *Phthah Socharis* (1).

Haut., 7 centimètres.

(1) Champollion, *Panthéon égyptien*, pl. 8.

442. — Terre cuite de couleur rougeâtre. — Le dieu *Onouris* patæque, debout, brandissant de la main droite la massue et se couvrant de son bouclier (1).

Haut., 17 centimètres.

(1) Champollion, *Notice du Musée egyptien*, p. 13.

443. — Terre émaillée bleue. — La déesse léontocéphale *Pacht*, assise sur un trône et tenant le sistre.

444. — Terre émaillée bleue. — Tête de *Hâthor* à oreilles de vache, surmontée d'un naos, au milieu duquel paraît un grand uræus posé sur une base de laquelle sortent dix autres uræus. Deux uræus se voient encore sur les côtés de cette plaque, qui représente des deux côtés la même tête (1).

Haut., 16 centimètres.

(1) Champollion, *Panthéon égyptien*, pl. 17 A et 18 A.

445. — Bronze. — Le dieu *Month* hiéracocéphale, la tête surmontée du disque solaire et de deux palmes.

Socle en marbre palombino.

Haut., 8 centimètres.

446. — Terre émaillée verte. — *Phré* hiéracocéphale, debout, la tête surmontée du disque solaire (1).

Haut., 4 centimètres.

(1) Champollion, *Panthéon égyptien*, pl. 24.

447. — Terre émaillée verte, avec raies bleues. — Le dieu *Nofré-Atmou*, debout, coiffé de deux palmes qui posent sur un vase à deux anses.

Sous ses pieds, un lion (1).

Haut., 11 centimètres.

(1) Champollion, *Notice*, p. 21.

448. — Terre émaillée verte, avec raies bleues. — Le dieu *Nofré-Atmou*. Sá coiffure est formée d'un vase à deux anses, au-dessus duquel s'élèvent deux palmes.

Haut., 13 centimètres.

449. — Terre émaillée de la plus belle couleur bleue. — Le dieu *Thoth*, deux fois grand, debout, à tête d'ibis (1).

L'extrémité du bec est restaurée.

Haut., 13 centimètres.

(1) Champollion, *Panthéon égyptien*, pl. 30 et 30 A.

450. — Terre émaillée bleue. — Le dieu *Thoth*, à tête d'ibis, debout.

451. — Terre émaillée verte. — *Thoth*, debout, à tête d'ibis.

Haut., 13 centimètres.

452. — Lapis lazuli. — La déesse *Tmé* (la justice ou la vérité) accroupie.

453. — Terre émaillée verdâtre. — Le dieu *Sôou* ou *Chons*, un genou en terre et levant les deux mains pour soutenir le ciel. Sa tête est surmontée du disque lunaire (1).

(1) Champollion, *Notice du Musée égyptien*, p. 24.

454. — Plaque ovale en or, estampée et doublée d'une plaque en terre émaillée bleue. On y voit le buste de la déesse *Tafné*, à tête de lion, couronnée du disque et de l'uræus, entre deux uræus.

Un sceptre est placé devant la déesse.

Cette plaque est munie d'une bélière.

455. — Bronze. — Le dieu *Osiris*, debout, le corps enveloppé dans une gaîne étroite, et tenant le fléau et le pedum. Il est coiffé de la mitre, ornée de l'uræus et de deux cornes de bélier, également entourées de l'uræus.

Socle en marbre jaune de Sienne.

Haut., 22 centimètres.

456. — Bronze. — La déesse *Isis* allaitant *Horus*. La tête de la déesse est surmontée du disque, accompagné de deux cornes de vache et de l'uræus.

Le trône sur lequel la déesse est assise est en serpentin, et le socle en marbre jaune de Sienne.

Haut., 13 centimètres.

457. — Serpentine. — *Isis* allaitant *Horus*. La déesse est assise sur un trône. Sa tête est surmontée

du disque, accompagné de deux cornes de vache et de l'uræus.

Socle en marbre jaune de Sienne.

Haut., 14 centimètres.

458. — Terre émaillée verte. — *Isis* allaitant *Horus*.

459. — Terre émaillée verdâtre. — Trinité formée par *Horus*, *Isis* et *Nephtys*.

Haut., 5 centimètres.

460. — Terre émaillée verte. — La déesse *Nephtys* debout.

461. — Terre émaillée bleue. — *Horus-Harpocrate*, assis sur un trône, et portant la main droite à sa bouche.

Haut., 6 centimètres.

462. — Terre émaillée brune. — *Anubis*, à tête de schacal, debout.

463. — Terre émaillée verte. — La déesse *Omt*, sous la forme d'un hippopotame à tête humaine, surmontée du disque, accompagné de deux uræus et de deux palmes. La coiffure est coloriée en jaune (1).

(1) Champollion, *Panthéon égyptien*, pl. 17 D.

464. — Terre émaillée bleue. — La déesse *Omt*, sous la forme d'un hippopotame dressé sur ses pattes de derrière.

465. — Pâte vitreuse de couleur verte. — *Typhon* en bas-relief.

Ce petit monument de style d'imitation, et exécuté, suivant toute apparence, à l'époque des Antonins, a été trouvé dans un tombeau romain.

466. — Terre émaillée bleue. — *Typhon*, figurine fragmentée. La tête est surmontée de palmes. Le dieu tient sur son bras un enfant qu'il semble être sur le point de dévorer. Dans sa main droite est une pierre de forme ovoïde. Plus bas est un cynocéphale. Six autres singes grimpent sur ses épaules et sur ses cuisses. Par derrière, on voit l'oryx du désert, symbole de *Typhon*. Les jambes de cette curieuse figurine manquent (1).

Haut., 17 centimètres.

(1) Champollion, *Notice*, p. 35. Ce monument rappelle la fable grecque de *Saturne*, qui dévore ses propres enfants; *Rhéa*, pour dérober le petit Jupiter à la voracité de son père, lui fait avaler une pierre nommée *Bétyle*, emmaillottée comme un enfant. Du reste, la mythologie égyptienne n'est pas suffisamment connue pour qu'il soit permis d'affirmer que cette curieuse représentation de *Typhon* ait des rapports avec la fable grecque que nous venons de rappeler.

467. — Plusieurs figurines représentant différentes divinités.

2. ANIMAUX SACRÉS.

468. — Terre émaillée. — Bélier couché, symbole d'*Amon-Ra*.

469. — Terre émaillée. — Un cynocéphale assis, emblème du second *Thoth*, deux fois grand.

470. — Terre émaillée. — Le cynocéphale assis, symbole de *Thoth*, deux fois grand.

471. — Terre émaillée. — L'épervier, signe symbolique de l'idée *Dieu* en général.

472. — Terre émaillée bleue d'une teinte foncée. — Serpent, emblème d'*Agathodémon*.

473. — Terre émaillée bleue. — Taureau *Apis*.

474. — Plomb. — Plaque carrée, munie d'une bélière, et représentant en bas-relief le taureau *Apis* portant le globe entre ses cornes. Au-dessus, le soleil et le croissant de la lune. Devant le taureau, un autel chargé d'offrandes.

Haut., 4 centimètres.

475. — Or. — Plaque ronde estampée, représentant la tête du taureau *Apis*, avec le disque entre les cornes.

Diam., 4 centimètres.

476. — Terre émaillée bleue. — Le poisson *Latus*, symbole du *Nil* supérieur.

477. — Terre émaillée verte. — Les parties antérieures du taureau et du lion adossées.

478. — Bronze. — *Ibis* accroupi, emblème de *Thoth*, deux fois grand.

Socle en marbre noir.

Haut., 8 centimètres.

479. — Terre émaillée bleue. — Le crocodile, symbole du dieu *Sévek*.

480. — Terre émaillée verte. — La chatte, symbole de la déesse *Bubastis*.

481. — Terre cuite. — Un chat accroupi avec la *bulla* suspendue au cou, emblème de la déesse *Bubastis*.

Haut., 15 centimètres.

482. — Terre émaillée bleue, avec dessins noirs. — Plaque oblongue. Un schacal accroupi entre deux yeux, emblème du dieu *Anubis*. Sur la face opposée, un nilomètre entre deux nœuds mystiques.

483. — Terre émaillée verte. — L'oryx du désert, symbole de *Typhon*.

484. — Bronze. — L'oryx du désert, symbole de *Typhon*.

Socle en marbre palombino.

485. — Terre émaillée verte. — Une sauterelle.

Long., 5 centimètres.

3. SCARABÉES.

486. — Terre émaillée verte. Scarabée. — Le dieu *Djom* patæque, coiffé de plumes.

487. — Prisme d'améthiste. Scarabée. — Un *Pharaon*, sous la forme d'un sphinx, foulant aux pieds un ennemi de l'Égypte. Le *Pharaon* est barbu, coiffé du pschent et vêtu d'une tunique qui descend jusqu'aux pieds antérieurs du sphinx. L'inscription hiéroglyphique signifie : *Dieu bienfaisant, seigneur du monde*.

Ce précieux scarabée est monté sur un cercle d'or.

488. — Deux scarabées en terre émaillée, avec le prénom d'*Aménophis II* (*Aménophis I* des Lettres à M. le duc de Blacas), chef de la XVIIIe dynastie. L'un avec, *Seigneur de la région inférieure, aimé d'Ammon*. L'autre offre le cartouche royal entre deux yeux.

489. — Terre émaillée. — Amulette sur lequel est gravé d'un côté le Pharaon *Thouthmosis III*, cinquième roi de la XVIIIe dynastie; il est debout, et tient le sceptre et le pedum. A côté, se trouve son prénom royal encadré dans un cartouche. Au revers, on voit un quadrupède foulant aux pieds un homme.

490. — Terre émaillée verte. — Scarabée, offrant le cartouche prénom de *Thouthmosis III*, cinquième roi de la XVIIIe dynastie. *Le roi bienfaisant, seigneur des mondes*.

491. — Terre émaillée. — Deux scarabées avec le prénom du roi *Thouthmosis*. L'un montre le roi assis, tenant le pedum.

492. — Jaspe vert. — Scarabée qui paraît offrir le prénom d'*Aménophis III* (*Aménophis II* des Lettres à M. le duc de Blacas), sixième roi de la XVIIIe dynastie, confondu avec des titres du soleil.

493. — Bague en or, ornée d'un scarabée en terre émaillée verte.

494. — Scarabée en pâte émaillée, enrichi de caractères hiéroglyphiques et monté en bague d'or antique.

495. — Terre émaillée. — Scarabée monté en bague d'or. Sur la partie convexe, on voit une

femme agenouillée, portant sur la main droite le serpent uræus, la tête surmontée du disque solaire. De la main gauche, cette femme tient le sceptre surmonté d'une tête d'épervier.

Sur la partie plane, sont gravées trois lignes d'hiéroglyphes.

496. — Terre émaillée de diverses couleurs. — Huit scarabées avec légendes hiéroglyphiques ou emblèmes de divinités.

497. — Terre émaillée. — Six scarabées avec emblèmes et hiéroglyphes.

498. — Terre émaillée bleue. — Très-beau scarabée funéraire avec sept lignes d'hiéroglyphes. Sur les élitres, il y a encore des caractères hiéroglyphiques, un *ibis* et le dieu *Osiris* accroupi.

499. — Basalte vert. — Deux scarabées funéraires : l'un avec douze lignes, l'autre avec dix lignes d'hiéroglyphes.

4. MONUMENTS FUNÉRAIRES ET AUTRES.

500. — Bois de sycomore. — Très-belle statue, représentant un jeune prêtre d'*Amon-Ra*, placé sur une base enrichie de légendes hiéroglyphiques. Dans sa main gauche, il porte un long sceptre surmonté d'une tête d'épervier. L'image du dieu est empreinte sur le bras droit du jeune prêtre. Sur la base, on lit par-devant une triple invocation à *Amon-Ra*, à *Mouth* et à *Chons*. Sur les parties latérales, sont des prières adressées à *Phthah* d'un côté, et à *Osiris* de l'autre. Sur le dos de cette sta-

tue, est tracée une prière à *Amon-Ra* en faveur du défunt. Sur le sceptre, il est question de sa *sœur qui l'aime*. Le nom de cette femme est peu lisible, ainsi que celui de l'individu dont cette statue offre le portrait.

Cette belle statue de la meilleure époque, provient des tombeaux de Thèbes.

Haut., avec le socle antique, 49 centimètres.

501. — Bois de sycomore. — Figurine représentant une jeune femme nue, coiffée à la nubienne et placée sur un socle de bois, enrichi de cinq lignes d'hiéroglyphes placées devant la figurine, et d'une ligne placée sur le côté gauche. Ce sont des prières adressées aux dieux en faveur de la défunte. La coiffure nubienne, les yeux et les sourcils sont peints en noir. Les bras ont été travaillés séparément et rattachés au corps. Les hiéroglyphes sont enduits d'une couleur verdâtre. Cette charmante figurine a dû porter dans la main un attribut qui a été détruit par le temps.

Haut., avec le socle antique, 22 centimètres.

502. — Pierre calcaire. — Quatre vases funéraires offrant les têtes des quatre génies de l'*Amenti* : *Amset* à tête humaine, *Hapi* à tête de cynocéphale, *Soumautf* à tête de schacal, et *Kebhsniv* à tête d'épervier (1). Ces quatre vases ont appartenu à la même momie. Sur le devant, est tracée une bande perpendiculaire d'hiéroglyphes. Les têtes sont peintes en diverses couleurs : celle d'*Amset* en rouge, celle d'*Hapi* également en rouge, celle de *Soumautf* en vert, et celle de *Kebhsniv* a la couleur naturelle du calcaire. Les yeux sont peints en noir, et les hiéroglyphes en bleu.

Haut., 33 centimètres.

(1) Champollion, *Notice du Musée égyptien*, p. 36.

503. — Albâtre oriental. — Vase funéraire. Tête du génie *Amset* de forme humaine. Sur le devant, trois bandes d'hiéroglyphes gravés en creux.

Haut., 44 centimètres.

504. — Stèle en pierre calcaire. — Le bas-relief colorié, qui décore cette stèle, est divisé en trois rangs de figures :

1er rang. *Osiris*, armé du fléau et du sceptre, est assis sur son trône à droite. Derrière le trône, se tient debout *Isis*, coiffée de la dépouille d'un vautour. Devant le trône se présentent deux femmes en adoration.

2e rang. Six femmes en adoration et marchant processionnellement ; quelques-unes portent des offrandes destinées à honorer la mémoire du défunt.

3e rang. — Sept femmes en adoration ; la première en tête du cortége se distingue par la richesse de son costume. Les autres portent des offrandes. Des légendes hiéroglyphiques sont tracées entre les figures qui occupent les trois rangs.

Tout le monument est enduit d'une couleur d'ocre; les chairs d'*Osiris* sont peintes en bleu clair ; sa mitre en rouge, et les plumes en vert clair. Les chairs d'*Isis* sont coloriées en brun, et la coiffure en vert clair. Les deux femmes qui font face à *Osiris* ont les chairs peintes en brun ; la dernière a, par-dessus son voile, un ornement en vert clair.

Dans les deux autres rangs, il n'y a que les offrandes qui aient reçu une couleur particulière ; c'est le vert clair qui leur a été donné.

Haut., 41 centimètres.

505. — Très-beau papyrus, contenant une partie du rituel funéraire en caractères hiéroglyphiques,

avec scènes peintes représentant l'introduction de l'âme du défunt dans l'*Amenti*. Ce superbe papyrus, tiré des hypogées de Thèbes, a été rapporté d'Égypte par M. Drovetti; il a été déroulé et collé sur toile avec le plus grand soin.

Long., 7 mètres 51 centimètres.

506. — Pierre calcaire. — Figurine de femme, distinguée par sa coiffure nubienne, et revêtue d'une tunique qui s'élargit par en bas. Ses deux mains croisées tiennent la houe, la pioche et un cordon attaché à un petit sac. Une bande d'hiéroglyphes est tracée sur le devant. Cinq lignes des mêmes caractères par derrière. Les cheveux et les hiéroglyphes sont coloriés en noir.

Socle en serpentin.

Haut., 17 centimètres.

507. — Figurine en serpentine grise, représentant une femme avec la coiffure nubienne, vêtue d'une tunique qui s'élargit par en bas et au milieu de laquelle est une bande d'hiéroglyphes. Les attributs placés dans les deux mains croisées sont le filet et le fléau. Quatre rangées d'hiéroglyphes couvrent, par derrière et sur les côtés, toute la partie inférieure du vêtement.

Socle en marbre jaune de Sienne.

Haut., 14 centimètres.

508. — Albâtre. — Figurine terminée en gaîne. La coiffure est enrichie de raies peintes en bleu. La houe et la pioche que la défunte tient sont dorées, ainsi que l'image de l'âme qui se remarque sur sa poitrine. Cinq lignes d'hiéroglyphes.

Socle en serpentin.

Haut., 21 centimètres.

509. — Terre émaillée. — Image funéraire d'homme. Neuf lignes d'hiéroglyphes.

Haut., 24 centimètres.

510. — Terre cuite rougeâtre. — Vase égyptien. F. 45.

Haut., 14 centimètres.

511. — Coupe profonde sans anses, en terre rougeâtre, couverte, à l'intérieur et aux bords extérieurs, d'un émail noir.

Haut., 10 centimètres.

512. — Collier en corail, formé de perles et d'espèces de balustres.

Long., 28 centimètres.

513. — Bronze. — Homme en adoration. Socle en marbre noir.

Haut., 3 centimètres.

514. — Terre émaillée bleue. — Un cachet, avec des caractères hiéroglyphiques qui contiennent une prière à *Amon-Ra, seigneur du ciel qui aime le monde.*

515. — Terre émaillée verte. — Homme accroupi, ayant un énorme phallus qui s'élève jusqu'au-dessus de son épaule.

516. — Onyx et Améthiste. — Deux phallus. Tous deux sont percés et ont servi d'amulettes.

517. — Jaspe rouge. — Un nœud mystique.

Haut., 7 centimètres.

518. — Bois. — Espèce de petite colonne. Le chapiteau est formé de feuilles de palmier.

Haut., 8 centimètres.

519. — Terre émaillée bleue. — Un œil; un nilomètre.

520. — Plusieurs amulettes en diverses matières.

FIN.

TABLE DES ARTISTES.

TABLE GÉNÉRALE DES MATIÈRES.

Les chiffres arabes non précédés de la lettre p. (page) indiquent les numéros du Catalogue; la lettre n. désigne les notes.

A.

B.

C.

D.

E.

F.

G.

H.

I.

J.

N.

O.

P.

Q.

R.

S.

T.

U.

V.

Z.

FIN DE LA TABLE DES MATIÈRES.

ADDITIONS ET CORRECTIONS.

P. 17. Le vase décrit sous le n° 15 vient d'être publié à Berlin par M. Gerhard, *Auserlesene griechische Vasenbilder*, Taf. XLI.

P. 29. Dans la note, *ajoutez : Cat. Magnoncour*, n° 60, note 3.

P. 42, lig. 12, derrière le *Minotaure* ce sont, *lisez :* derrière le *Minotaure ;* ce sont.

P. 48, lig. 12 et 13, *Athénénicé*, *lisez : Athéné-Nicé.*

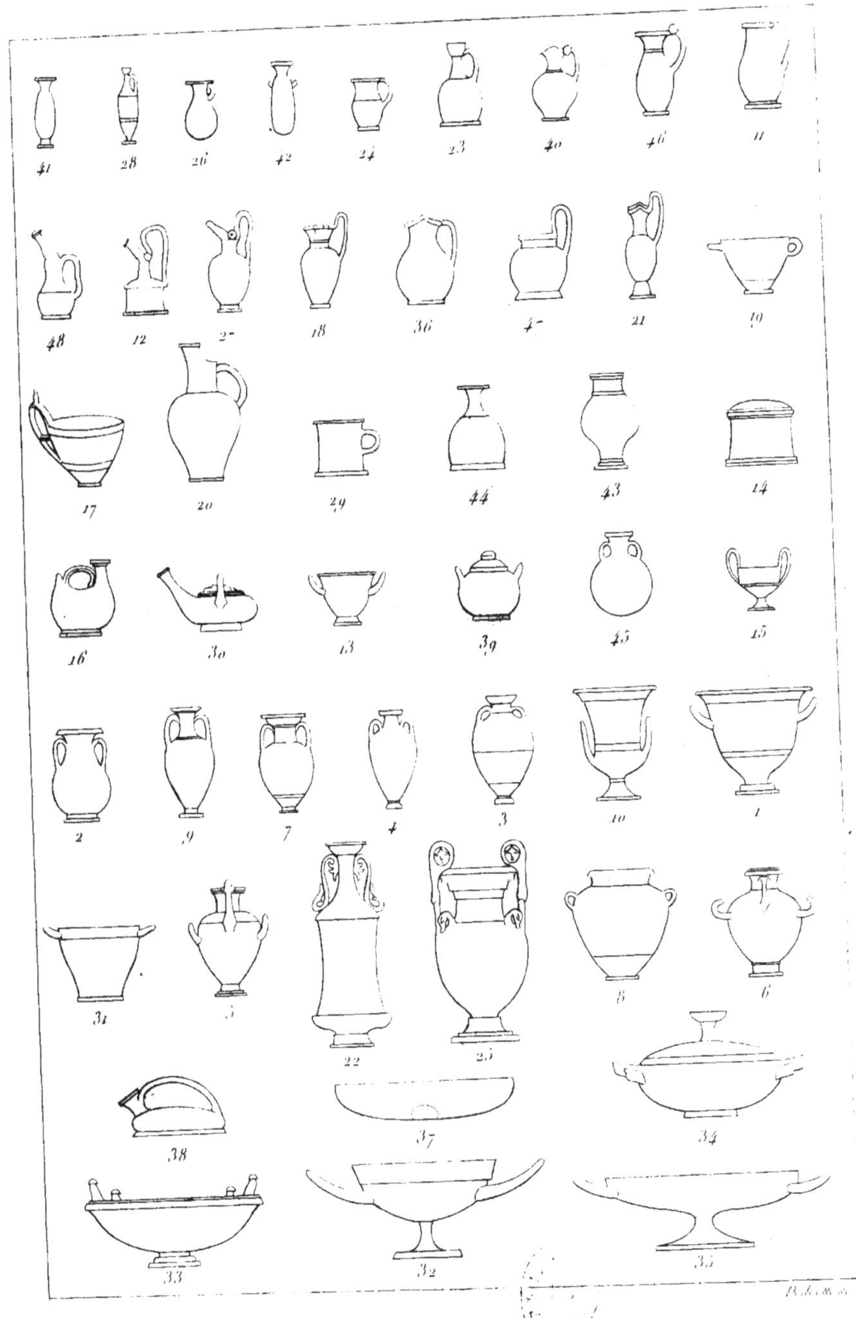
41 28 26 42 24 23 40 46 11
48 12 18 36 21 19
17 20 29 44 43 14
16 30 13 39 45 15
2 9 7 4 3 10 1
31 5 22 25 8 6
38 37 34
33 32 35

www.ingramcontent.com/pod-product-compliance
Ingram Content Group UK Ltd.
Pitfield, Milton Keynes, MK11 3LW, UK
UKHW020555180726
13838UKWH00001B/260